# 목 차

**만화** 프롤로그 『나의 마음, 모두의 마음』 ... 2

**등장인물 소개** ... 12

## 제 1 장 나를 알고, 더 멋진 내가 되자!

**만화** Chapter.1 『나는 어떤 사람일까?』 ... 14

차트로 확인해 봐! **나는 어떤 타입일까?** ... 20

나에 대해 알아보자! ... 22

내가 좋아하는 내 모습! ... 24

내가 싫어하는 내 모습! ... 26

이럴 때는 어떻게 생각해? ... 30

말버릇에서 드러나는 나의 사고방식 ... 32

말만 바꾸면 돼! **긍정적으로 변할 수 있는 마법의 말 수업** ... 35

지금까지의 나를 되돌아보자! ... 36

그런 일이 있었고, 이런 마음이 들었어 **나만의 연표를 만들자!** ... 38

새로운 나를 찾아보자! ... 42

나 자신을 소중히 하자! ... 48

**나를 위한 소중한 계획** ... 52

모두의 스트레스 해소법 ... 56

더 자신감 있는 나로! **퍼스널 컬러로 외모를 업그레이드해 봐!** ... 60

너는 어떤 색이 잘 어울릴까? **퍼스널 컬러별 스타일 코디** ... 62

 .... 62   여름 .... 63    .... 64   겨울 .... 65

나 자신을 레벨 UP⇧ **평소의 관리로 자신감을 키우자** ... 66

나의 장점을 키우는 비결 ... 68

꿈꾸던 멋진 나로 변해 보자! ... 70

**'나'에 대한 프로필을 만들어 보자!** ... 72

# 제 2 장 내 감정을 잘 돌보면, 하루가 반짝♪

| 만화 | Chapter.2 『다양한 감정을 알아보자』 | 78 |

기분이란 뭘까? … 84
다양한 감정들을 살펴보자! … 86
모두가 들려주는 행복한 순간! … 90
긍정적인 마음을 더 많이 키워보자! … 94

## SOS 곤란할 때 해결 방법
- 슬플때나 우울해졌을 때 … 96
- 마음이 답답하고 짜증이 날 때 … 100
- 분한 마음이 들었을 때 … 104
- 불안한 마음이 들었을 때 … 106
- 질투가 났을 때 … 108
- 기분이 가라앉을 때 … 110

마음을 스스로 다스려보자! … 112
내가 좋아하는 것들을 모아보자! … 116
## 일기를 한번 써보자! … 118
이런 감정이 나를 성장하게 만들어! … 124

## 제3장 너와 나, 우리 모두를 소중히 여겨요!

| | |
|---|---:|
| **만화** Chapter.3 『서로 다른 마음도 인정해 주자!』 | 126 |
| 다들 무슨 생각하고 있어? | 130 |
| 서로의 다름을 인정하자! | 132 |
| **SOS! 곤란할 때 해결 방법** | |
| ● 마음이 엇갈리는 건 어쩔 수 없는 일이야! | 136 |
| 좋아하는 마음은 어떤 것일까? | 138 |
| 싫다는 마음은 어떤 것일까? | 146 |
| 무조건 분위기 좋아지는! 모두 함께하는 우정 게임 | 152 |
| 친구라도 마음에 안 드는 점은 있어! | 158 |
| 하기 힘든 말일수록 솔직하게 전해 보자! | 162 |
| **SOS! 곤란할 때 해결 방법** | |
| ● 어떡하지… 속마음을 말하기가 어려워 | 164 |
| ● 꼭 다른 사람에게 맞춰야 할까? | 168 |
| ● 남들의 시선이 자꾸 신경 쓰여… | 172 |
| 고민이 생겼을 때는… | 176 |

## 제4장 SOS! 고민 구조대

**이럴 땐 어떻게 할까?**

| | |
|---|---:|
| ● 친구와 의견이 맞지 않을 때 | 178 |
| ● 기분 나쁜 말이나 욕을 들었을 때 | 180 |
| ● 약속을 어겼을 때 | 182 |
| ● 따돌림을 당했을 때 | 184 |

내 마음을 어떻게 잘 전할까? 190
**만화** Chapter.4 『마음을 잘 표현해 보자!』 194

**이럴 땐 어떻게 할까?**
- 친구와 다투었을 때 198
- 부탁이나 초대를 거절하고 싶을 때 200
- 친구와의 약속을 어겼을 때 202
- 친구를 상처 입히고 말았을 때 204

마음을 담아 사과하면 진심이 전해져! 206

**이럴 땐 어떻게 할까?**
- 대화나 분위기를 따라가지 못할 때 212
- 친구들 무리 속에 있는 게 힘들 때 214
- 그룹 안에서 내 역할이 부담스러울 때 216
- 친구에게 고민 상담을 받았을 때 220
- 친구에게 용기를 주고 싶을 때 222
- 친구에게 한마디 해주고 싶을 때 224
- 친구가 괴롭힘을 당하고 있을 때 226
- 친구에게 먼저 말을 걸고 싶을 때 228
- 혼자 있고 싶을 때 230
- 사람들과의 관계에 지쳤을 때 232
- '좋아하는' 마음을 전하고 싶을 때 234
- 주변 친구들이 놀려서 부끄러울 때 236

작은 말 한마디 나 행동으로 더 가까이! 238

**만화** 에필로그 241

## 한 단계 더 성장! 친구들과 잘 지내는 방법

지금 꼭 알아야 할 매너 246
편지를 한 번 써 보자! 250

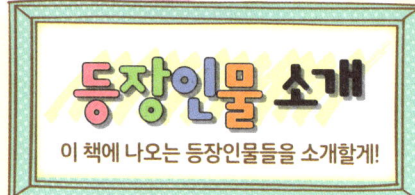

이 책에 나오는 등장인물들을 소개할게!

### 김예나

온화하고 다정하며 느긋한 성격. 자신감이 부족해서 항상 친구들과 자신을 비교하게 되는 것이 고민.

### 강수빈

믿음직하고 그룹을 잘 이끄는 리더 타입. 항상 친구들에게 의지받다 보니 가끔은 지칠 때도 있어…

### 손지아

운동을 잘하고 밝은 분위기 메이커. 수현이와 가끔 의견이 맞지 않아 다툼이 생기기도 한다.

### 송미나 선생님

양호실 선생님. 아이들의 고민을 다정하게 들어주고 함께 이야기해주는 따뜻한 선생님. 모두에게는 "천사 선생님"이라고 불린다.

### 김수현

똑똑하고 시크한 성격. 다가가기 어려운 사람이라고 생각되는 걸 신경 쓰고 있지만, 사실은 인형 수집이 취미.

### 서하율

자기만의 속도로 움직이며, 그림 그리는 걸 잘한다. 느긋한 성격이지만, 그림을 그리는 걸 방해받으면 짜증이 나곤 한다.

# 제 1 장
# 나를 알고, 더 멋진 내가 되자!

나 자신을 더 좋아하게 되는 방법을 소개할게!
스스로와 마주하면서, 너의 멋진 점을 한번 찾아봐♪

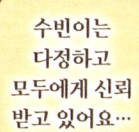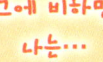

**차트로 확인해 봐!**

# 나는 어떤 타입일까?

처음부터 내 성격에 더 가까운 쪽을 골라 가 보자!
Ⓐ라면 → Ⓑ라면 ⋯> 화살표 방향으로 따라가 줘!

**시작!**

Q 학원을 다닌다면 어떤 걸 하고 싶어?
Ⓐ 피아노
Ⓑ 수영

Q 과자 중에 뭐가 더 좋아?
Ⓐ 초코 송이
Ⓑ 포테이토칩

Q 선물로 받고 싶은 건 뭐야?
Ⓐ 인형
Ⓑ 운동화

Q 어떤 꽃을 받고 싶어?
Ⓐ 튤립
Ⓑ 장미

Q 색깔 펜을 골라야 한다면, 너는 무슨 색?
Ⓐ 파랑  Ⓑ 분홍

Q 여행 갈 때 꼭 챙기는 물건은 뭐야?
Ⓐ 여행 안내서
Ⓑ 트럼프 카드

Q 여름방학 숙제는 어떻게 해?
Ⓐ 미리 끝내는 편
Ⓑ 마감 직전까지 미루는 편

Q 쉬는 날엔 뭐 하고 놀아?
Ⓐ 그림 그리기, 게임하기
Ⓑ 공원에서 운동하기

※꼭 타입에 따라 성격이 정해지는 건 아니야!

제 **1** 장

나를 알고, 더 멋진 내가 되자!

**Q** 좋아하는 음악은 뭐야?
**A** 잔잔한 발라드
**B** 신나는 힙합

느긋하고 차분한 **예나** 타입

**Q** 약속에 늦을 것 같아! 어떻게 할래?
**A** 큰일이야! 서둘러야 해!
**B** 뭐 어때~ 천천히 가자!

믿음직한 리더형 **수빈** 타입

밝고 활기찬 **지아** 타입

**Q** 내가 잘하는 집안일은?
**A** 빨래 개기
**B** 설거지

지적이고 차분한 **수현** 타입

**Q** 책을 읽는다면 어떤 책이 좋아?
**A** 추리 소설
**B** 동화

소신 있는 예술 감성의 **하율** 타입

# 나에 대해 알아보자!

먼저 나 자신을 아는 것부터 시작해보자!
나를 잘 알게 되면 좋은 일이 많이 생길 거야.

## 자신을 알면 더 멋진 사람이 될 수 있어 ♡

너는 너 자신에 대해 얼마나 알고 있을까?
성격, 장점, 단점, 취미, 특기… 자신을 잘 알게 되면 좋은 일이 정말 많아!

★ <u>내가 잘하는 걸</u> 알 수 있어!

★ <u>내가 좋아하는 점</u>을 알 수 있어!

★ <u>내가 서툰 걸</u> 알 수 있어!

★ <u>고치고 싶은 점</u>을 알 수 있어!

나 자신에게 자신감을
가질 수 있어

지금보다 더 멋진 내가 되기 위해
어떻게 해야 할지
생각해보는 계기가 된다

내게 이런 면이
있었다니,
나도 놀랐어!

## 스스로에게 질문하기

스스로에게 질문해 보면서 '나에 대한 자료'를 모아보자!
생각지도 못한 새로운 나를 만날지도 몰라.

제1장 나를 알고, 더 멋진 내가 되자!

- Q 싫어하는 것, 어려운 건 뭐야?
- Q 성격은 어때?
- Q 특기는 뭐야?
- Q 취미나 좋아하는 것은 뭐야?
- Q 자랑할 만한 게 있다면 뭐야?
- Q 요즘 즐겨 하는 거 있어?
- Q 해 보고 싶은 일은 뭐야?
- Q 지금까지 가장 기뻤던 일은 뭐야?
- Q 요즘 고민되는 일이 있어?
- Q 장래 희망은 뭐야?

노트에 써보는 것도 좋겠다!

# 내가 좋아하는 내 모습!

내가 좋아하는 내 모습을 분명히 알고 있으면, 그것이 자신감으로 이어져. 아직 깨닫지 못했을 뿐, 사실은 내가 좋아할 만한 나만의 모습이 많이 있을지도 몰라!

## 내가 좋아하는 내 모습을 생각해 보자!

무언가를 잘해내고 있는 나, 누군가에게 다정하게 대해주는 나…
아주 작은 것이라도 괜찮으니, 스스로 마음에 드는 내 모습을 한번 떠올려 보자.

> 내가 마음에 드는 점이 잘 떠오르지 않을 때는, 주변 사람들이 칭찬해준 걸 떠올려봐!

- 누구에게나 다정한 점
- 언제나 환하게 웃는 점
- 어떤 일이든 쉽게 감동하는 점

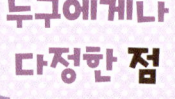

내가 좋아하는 내 모습, 이렇게나 많았어!

# 다른 친구들에게도 물어봤어!

제 1 장

나를 알고, 더 멋진 내가 되자!

## 지아의 경우

### 항상 밝고 활기찬 점

모두를 웃게 만드는 일이라면 자신 있어! 절대 지지 않아!

### 그림을 잘 그리는 점

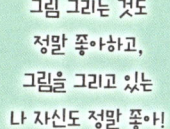

그림 그리는 것도 정말 좋아하고, 그림을 그리고 있는 나 자신도 정말 좋아!

## 하율의 경우

## 수빈의 경우

### 어느 누구와도 잘 어울리는 점

처음 만난 사람이랑도 금방 친해져서 즐겁게 이야기할 수 있어!

## 수현의 경우

### 수학을 잘하는 점

다른 친구들에게 수학을 가르쳐줄 때도 있어!

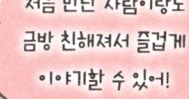

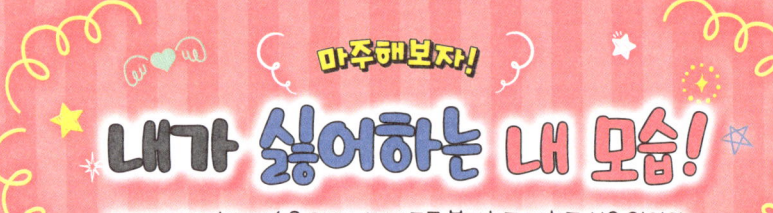

# 마주해보자!
# 내가 싫어하는 내 모습!

자신이 싫어하는 모습을 알아보는 건 조금 불편하고 피하고 싶은 일이야.
하지만 나를 더 깊이 이해하기 위해, 그런 내 모습과도 마주해보자.

## { 자신이 싫어하는 점을 한 번 생각해보자! }

누구에게나 스스로 싫어하는 점은 있어. 평소의 나를 돌아보며 한 번 생각해 보자.

너무 생각이 많아져서 기분이 가라앉으면, 잠깐 쉬어도 괜찮아.

### 예나의 경우
### 쉽게 마음이 무너지는 점

우울~

우왕좌왕

혼나거나 슬픈 일이 있으면 금방 기운이 빠져.
얼굴에도 다 티가 나서, 모두 걱정하게 만들고…
그런 내가 싫어…

# 다른 친구들에게도 물어봤어!

제 1 장

나를 알고, 더 멋진 내가 되자!

### 수현의 경우

## 차갑게 말해버리는 내 성격

차가운 말투 때문에 무섭다고 오해받아… 그런 내 모습이 싫어…

## 부탁을 받으면 거절하지 못하는 내 성격

사실은 하기 싫어도, 싫다고 말하지 못하는 내 자신이 싫어…

### 수빈의 경우

안돼!

### 하울의 경우

## 금방 짜증부터 내는 내성격

짜증 날 때마다 괜히 가족한테 화내는 내 모습이 싫어…

### 지아의 경우

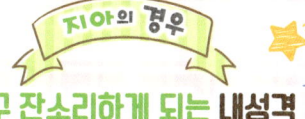

## 자꾸 잔소리하게 되는 내성격

선생님이나 친구한테도 자주 '시끄러워'라고 주의를 받아…고치고 싶다는 마음은 있지만…

# 싫은 나 자신도 받아들이자!

자기가 좋아하는 점과 싫어하는 점을 잘 알게 되었지.
하지만 그 둘 다 지금의 '나'야. 있는 그대로의 나를 소중히 여기자.

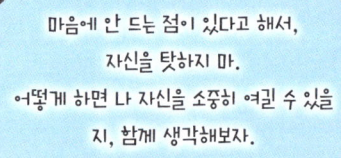

마음에 안 드는 점이 있다고 해서, 자신을 탓하지 마. 어떻게 하면 나 자신을 소중히 여길 수 있을지, 함께 생각해보자.

## 좋은 점도 부족한 점도 모두 소중한 나

부족한 점만 계속 떠올리다 보면 자신감이 점점 줄어들고, 내 좋은 점도 안 보이게 돼. 누구에게나 잘하는 부분도 있고 부족한 부분도 있어. 그 둘 다 '나'니까, 있는 그대로의 나를 아껴주자.

## 생각을 바꾸면 단점도 장점이 될 수 있어!

제1장 나를 알고, 더 멋진 내가 되자!

싫다고만 생각했던 내 모습도, 다른 시선으로 보면 좋아할 수 있는 부분이 될 수 있어. 예를 들어 걱정이 많은 성격은, 혹시 모를 상황까지 생각하고 미리 대비할 줄 아는 꼼꼼함이라고 할 수 있지.

## 부족한 점을 고치려면…

내 단점을 알아차리는 건 더 나아질 수 있는 첫걸음이야. 예를 들어 자꾸 잊어버리는 내가 싫다면, 메모하는 습관처럼 작지만 확실한 방법을 생각해보자. 그렇게 하나씩 바꿔가면, 단점도 언젠가는 너만의 강점이 될 수 있어.

### 자신이 생각하는 방식을 알아보자!

# 이럴 때는 어떻게 생각해?

같은 일이라도 부정적으로 생각할 수도 있고,
긍정적으로 생각할 수도 있는 거야.

---

**너는 어느 쪽이야?**

**예시 1** 정말 좋아하는 파르페를 먹고 있는데…

😟 **반밖에 안 남았어… 슬퍼…**

벌써 반이나 없어졌다고 생각하니까, 남은 게 너무 적어 보여서 괜히 우울해져.

😊 **아직 반이나 남아서 기뻐!**

아직 반이나 남았다고 생각하니까, 앞으로 먹을 걸 상상하면 기분이 좋아져. 긍정적으로 생각하게 돼.

---

**예시 2** 비가 내리기 시작했어…

**너는 어느 쪽이야?**

😟 **밖에서 못 놀아… 최악이야…**

못하는 것만 자꾸 생각하게 돼서, 점점 부정적인 마음이 들어.

😊 **밖에서는 못 놀지만, 집에서 책을 읽을 수 있어!**

못하는 일이 있더라도, 할 수 있는 걸 즐기자고 긍정적으로 생각한다.

 열심히 했는데 졌어…

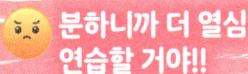
😣 난 재능이 없는 것 같아… 이제 그만둘래…

져버린 슬픔에 사로잡혀 자신에게는 재능이 없다고 부정적으로 생각하고, 결국 포기해버린다.

😠 **분하니까 더 열심히 연습할 거야!!**

분한 마음을 다음으로 이어서 더 잘 할 수 있도록 노력하자고 긍정적으로 생각한다.

😟 나… 미움받고 있는 걸지도 몰라…

 초대를 거절당했어…

다른 사람이 한 말을 부정적으로 받아들여서 기분이 가라앉고 우울해진다.

😊 **무슨 일 있었나 봐. 다음에 또 초대하면 돼!**

다른 사람이 한 말을 너무 심각하게 받아들이지 않고, 다음 일을 긍정적으로 생각한다.

내 생각의 방식을 알게 되면, 나 자신을 더 잘 이해할 수 있어.

제 1 장 나를 알고, 더 멋진 내가 되자!

# 말버릇에서 드러나는 나의 사고방식

친구나 가족과 대화할 때 무심코 내뱉는 말버릇. 그 말들이 어쩌면
네 마음속에 숨어 있는 부정적인 감정을 말해주고 있는 걸지도 몰라.

무의식 중에 이런 말을 하고
있지는 않을까?
말버릇은 스스로도 잘 모를 때가
있으니까, 잘 모르겠다면 가족이나
친구에게 물어보는 것도 좋아.

##  부정적인 말버릇 리스트

- 하지만…
- 어차피 ○○잖아.
- 나 같은 건…
- 아니… 그게…
- 귀찮아.
- 재미없어.
- 최악이야…
- 어차피 상관없어.
- 몸도 마음도 축 처진다…
- 나중에 하면 되지 뭐…
- 난 못 해…
- 진이 빠졌어.
- 하기 싫다…
- ○○면 돼.

나, 꽤 자주
말했을지도 몰라…

나는 전혀 몰랐었네…

# BAD 부정적인 말을 해버리다…

제1장 나를 알고 더 멋진 내가 되자!

부정적인 말만 계속 뱉고 있으면, 마음도 표정도 점점 어두워진다구.
그렇게 해선 멋진 사람과는 거리가 멀어~!

아, 귀찮다…

왜 내가 ○○를 해야 하는데?

피곤하다…

아, 진짜 싫어~!

나는 못 해…

○○는 참 좋겠다…

괜찮아! 다음 페이지를 봐줘.

말만 바꾸면 돼!

# 긍정적으로 변할 수 있는 마법의 말 수업

제 1 장
나를 알고, 더 멋진 내가 되자!

부정적인 말을 입에 올리면, 마음까지 부정적으로 바뀌기 쉬워.
마법 같은 말 바꾸기를 기억해서, 긍정적으로 생각해보자!

- 이거 싫어… ➡ 그래도 ○○한 점은 좋아!
- 진짜 귀찮아… ➡ 아무것도 아니야!
- 역시 안 됐어… ➡ 이번만 그런 거야~
- 피곤해… ➡ 고생했어. 많이 애썼구나!
- 나 따위가 뭐라고… ➡ 나라면 해낼 수 있어!
- 재능 없나 봐… ➡ 나한테는 다른 더 잘 맞는 일이 있을 거야.

같은 말이라도 표현을 바꾸면 기분이 훨씬 더 밝아질 수 있어!

# 지금까지의 나를 되돌아보자!

과거의 나는 지금의 나와 이어져 있어.
나 자신을 돌아보면, 새로운 발견이 있을지도 몰라!

## 과거의 내가 지금의 나를 만들고 있어

과거에 실패했던 일, 혼났던 일, 놀림받고 슬펐던 일들이 어느새 나도 모르게 지금의 자신감 부족이나 부정적인 생각과 이어져 있을 수도 있어. 반대로, 칭찬을 받고 기뻤던 일이나 도전해서 즐거웠던 경험이 지금의 긍정적인 사고방식에 영향을 주고 있는 경우도 있어.

## 나를 더 잘 알기 위해 스스로를 돌아보자!

태어나서 지금까지 겪은 일들이나 주변 사람들의 말이, 지금의 성격이나 생각에 영향을 주고 있을지도 몰라. 과거의 일들을 되돌아보면서, 지금의 나를 이해할 수 있는 실마리를 찾아보자.

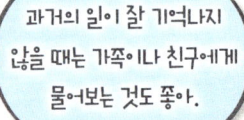

과거의 일이 잘 기억나지 않을 때는 가족이나 친구에게 물어보는 것도 좋아.

# 다른 친구들도 되돌아보는 시간을 가졌어

발표회에서 실수해서, 모두에게 웃음거리가 되고 말았어…

사람들 앞에 서는 게 무서워져서, 눈에 띄는 게 싫어졌어.

댄스 연습 때 잘하지 못해서 모두에게 폐를 끼치고 말았어…

친구들이 같이 연습해줘서 무대는 대성공이었고, 다들 더 친해질 수 있었어!

매일 연습해서 나간 농구 시합에서 이기고, 엄청 칭찬받았어!

자신감이 생기니까 뭐든지 긍정적으로 노력할 수 있게 되었어.

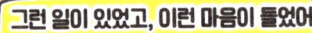

그런 일이 있었고, 이런 마음이 들었어

# 나만의 연표를 만들자!

지금까지 있었던 일들을 되돌아보며 연표를 만들어 보자. 과거의 일들이 지금의 나의 성격이나 감정, 생각과 어떻게 이어져 있는지 잘 알 수 있을 거야.

## 나만의 연표를 만드는 방법

1. 기뻤던 일, 즐거웠던 일, 슬펐던 일, 분했던 일, 창피했던 일, 화가 났던 일 등 느꼈던 감정별로 나누어 떠올려 보자. 그때 있었던 일을 하나씩 다시 기억해 보자.
2. 떠올린 사건과 그때의 감정을 한 쌍으로 묶어 노트에 적고, 나이 순으로 정리해 보자.
3. 41쪽의 연표에 적어 보자.

> 특히 마음에 남아 있는 일을 떠올려봐!

### 한마디 조언

기뻤던 일이나 즐거웠던 일뿐만 아니라, 슬펐던 일이나 화가 났던 일처럼 마음이 힘들었던 일들도 용기를 내어 떠올려 보자.

운동회에서 넘어졌어. 정말 창피했지…

연극에서 주인공을 맡았어. 정말 기뻤어.

## 예나의 나만의 연표는 이런 느낌이야!

| 연령 | 있었던 일 | 기분 |
|---|---|---|
| 5 세 | 우리 집에 강아지 코코가 처음 온 날이었다. | 기뻤어. |
| 6 세 | 친구 유나가 이사를 가버렸다. | 슬펐어. |
| 7 세 | 가족 여행으로 부산에 가서 바다에서 수영을 했다. | 즐거웠어. |
| 7 세 | 연극에서 주인공 역할을 맡아 연기했다. | 기뻤어. |
| 8 세 | 운동회 이어달리기에서 넘어지고 말았다. | 부끄러웠어. |
| 8 세 | 사회 수업에서 조별 발표를 하며 친구들 앞에서 직접 발표했다. | 떨렸어. |
| 9 세 | 피아노 콩쿠르에서 입상하고 상장을 받았다. | 기뻤어. |
| 9 세 | 합창 대회에서 열심히 했지만 1반에게 져서 준우승이었다. | 속상했어. |
| 10 세 | 여동생이 내가 아끼던 인형을 더럽혔다. | 화가 났어. |
| 10 세 | 친구와 함께 처음으로 스티커 사진을 찍었다. | 즐거웠어. |

제1장 나를 알고, 더 멋진 내가 되자!

# 나만의 연표를 지금의 나에게 잘 활용해보자!

과거에 즐거웠던 일도 힘들었던 일도 모두, 지금의 나에게 도움이 될 수 있어.
그걸 어떻게 활용할 수 있는지 한번 살펴보자!

## 기뻤던 일을 떠올리며 의욕 UP!

칭찬을 받아서 기뻤던 일, 무언가에 성공해서 기뻤던 일 같은 경험은 자신감으로 이어져. 앞으로 다른 일에 도전할 때 '떨린다', '무섭다'는 생각이 들어도 '그때도 잘했으니까, 분명 이번에도 괜찮아!' 하고 스스로를 응원하는 힘이 되어줄 수 있어. 자신감을 가지고 도전해 보자!

## 같은 실수를 반복하지 않도록 스스로를 의식할 수 있어!

실패해서 창피했던 일도 반성으로 이어질 수 있어.
'그땐 이렇게 해서 실패했으니까, 다음엔 같은 실수를 반복하지 않도록 조심해야지'라고 의식하면, 같은 실수를 줄일 수 있을 거야.

## 이 외에도 이런 활용 방법이 있어!

### 😊 즐거웠던 일

슬프거나 외로운 기분이 들었을 때는, 즐거웠던 일을 떠올려 봐. 기분 좋았던 기억을 생각해 보면, 어느새 마음이 조금씩 밝아질 거야.

### 😮 긴장했던 일

"그때는 긴장해서 잘 못했지…" 하고 생각되는 일이 있다면, 다음에 도전할 때는 "긴장해도 난 늘 최선을 다해왔으니까, 내 힘을 잘 발휘할 수 있어"라고 마음먹는 게 좋아!

힘들었던 일도 "그 일이 있었기에 지금의 내가 있는 거야"라고 생각할 수 있게 되면, 지금의 나를 더 좋아하게 될 수 있어!

**한번 해보자!**

## 너만의 연표를 만들어보자!!

39페이지를 참고해서, 있었던 일과 그때의 기분을 함께 정리해보자.

※표가 부족한 경우에는 복사해서 사용해도 좋아.

| 연령 | 있었던 일 | 기분 |
|---|---|---|
| 세 | | |
| 세 | | |
| 세 | | |
| 세 | | |
| 세 | | |
| 세 | | |
| 세 | | |
| 세 | | |
| 세 | | |
| 세 | | |

제1장 나를 알고, 더 멋진 내가 되자!

# 새로운 나를 찾아보자!

너의 마음속에는 아직 네가 모르는 새로운 모습이 숨어 있을지도 몰라.
너 자신을 더 좋아하게 되기 위해, 새로운 나를 찾아보자!

자신이 좋아하는 점이나 싫어하는 점을 발견하고, 지금까지의 나를 돌아보면서 조금씩 나 자신을 알게 되었지? 그렇다면 이제, 나를 더 좋아하게 되거나 내 안에 잠들어 있는 뜻밖의 재능을 발견하기 위해서 무엇을 하면 좋을지 한 번 생각해보자!

### ① 나만의 취미를 찾아보자!

자신이 좋아하는 것이나 흥미 있는 것을 취미로 삼아보자. 처음부터 잘하지 않아도 괜찮아. 내 속도에 맞춰 천천히 해보면 돼. 취미를 가지게 되면 나만의 세계가 넓어지고, '나다움'을 더 잘 알게 될 거야.

#### 너에게 잘 어울리는 취미!

- ♥ 사람을 즐겁게 하는 걸 좋아해 ▶ 마술
- ♥ 먹는 걸 좋아해 ▶ 요리
- ♥ 멍하게 쉬는 걸 좋아해 ▶ 별 보기
- ♥ 생각 없이 몰입하고 싶어 ▶ 자수 · 뜨개질
- ♥ 꾸미는 걸 좋아해 ▶ 악세서리 만들기
- ♥ 천천히 생각하는 걸 좋아해 ▶ 바둑 · 장기

무언가에 푹 빠질 수 있다는 건 정말 즐거운 일이야!

## ② 처음 해보는 일에 도전해보자!

지금까지 한 번도 해본 적 없는 일에 도전하는 건 조금은 용기가 필요하지만, 도전하고 나면 분명 조금은 새로운 나로 바뀌어 있을 거야. 지금껏 몰랐던 뜻밖의 재능을 발견하게 될지도 몰라! 도전해보니 재미있다고 느껴졌다면, 그걸 취미로 삼아도 좋겠지?

> 브레이크댄스에 도전해봤어. 나한텐 무리일 거라고 생각했는데, 정말 즐거웠어!

## ③ 잘 못하는 일에도 도전해보자!

잘 못하는 일은 자꾸 미루게 되거나, 외면하고 싶어질 때도 있지. 그런데 그건 그냥 '나랑 안 맞아'라고 생각해버렸기 때문일지도 몰라. 막상 도전해보면, 의외로 재미있다고 느낄 수도 있어! 그리고 설령 여전히 잘 안 되더라도, 나에게 더 잘 맞는 다른 무언가가 분명히 있을 거야. 그러니까 너무 깊게 고민하지 않아도 괜찮아.

> 달리기는 잘 못하지만, 단거리 마라톤에 도전해봤어. 열심히 해낸 나 자신을 칭찬해주고 싶어!

제 1 장 — 나를 알고, 더 멋진 내가 되자!

## 4. 아직 이야기하지 않은 친구와 이야기해 보자!

**새로운 만남에는 새로운 발견이 있어!** 지금까지 몰랐던 친구의 좋은 점이나, 흥미로운 이야기를 알게 될지도 몰라. 다양한 생각을 접하면, 너의 삶은 더 즐겁고 풍요로워질 거야.

> 용기를 내서 옆 반 친구에게 말을 걸어봤어! 그랬더니 내가 몰랐던 재미있는 만화를 알려줬어!

## 5. 내 장점을 다른 사람에게 물어보자!

**가족이나 친구에게 내 장점을 물어보자!** 스스로는 몰랐던 좋은 점을 알게 될지도 몰라. 장점을 많이 알수록 자신감도 생기고, 나 자신을 더 좋아하게 될 거야.

그렇군

> 엄마에게 '내가 가진 장점이 뭐야?'라고 물어봤어. 나도 몰랐던 의외의 장점을 듣고 나니까 너무 기분 좋았어!

> 새로운 나를 알아가는 과정 속에서 사람은 조금씩 성장해 가는 거야.

# 변화는 나쁜 일이 아니야

사람은 수많은 변화를 겪으며 성장해 나가요. 예를 들어, 사람과의 만남과 이별 같은 관계의 변화, 이사나 전학 같은 환경의 변화, 그리고 마음과 몸의 성장 등 다양한 변화가 있지요. 이런 변화들은 단지 부정적인 것만이 아니라, 너의 세상을 더 넓혀주는 기회가 되기도 해요. 변화를 두려워하지 말고, 즐길 수 있도록 해보자!

- 고백했지만 거절당했어
- 초등학교에 입학했어
- 새 친구가 생겼어
- 반려동물이 죽었어
- 키가 자랐어

변화가 낯설고 혼란스러울 땐, 먼저 나에게 맞는 방법이 뭘까 천천히 생각해보자. 앞으로 어떤 모습이 되고 싶은지, 하고 싶은 일이 뭔지 떠올려 보는 것도 좋아. 혼자 고민하지 말고, 가족이나 친구에게 이야기를 들어달라고 해도 괜찮아.

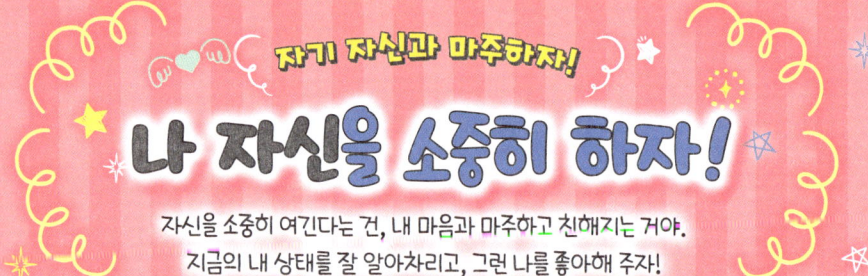

## 자기 자신과 마주하자!
# 나 자신을 소중히 하자!

자신을 소중히 여긴다는 건, 내 마음과 마주하고 친해지는 거야.
지금의 내 상태를 잘 알아차리고, 그런 나를 좋아해 주자!

### 지금의 나를 점검해봐!

혹시 이렇게 되어 있지 않을까?

1. **누구에게나 잘 보이려는 마음**이 너무 크다.
2. 실수하면 **한없이 우울해진다.**
3. 미움받고 싶지 않아서 **무리해서 맞추려고 할 때가 있다.**
4. 대화 중에는 **상대의 표정을 지나치게 신경 쓰게 된다.**
5. 의견을 물어보면 **아무 말도 못 하게 될 때가 있다.**
6. 친구나 주변 사람들이 **부러워질 때가 있다.**
7. 다른 아이들과 비교하면서 **자신은 불행하다고 느낀다.**

이런 생각을 하다 보면…

**부정적인 감정에 사로잡혀 버린다!**

자기 자신이 싫어지게 돼

왜 나는 이렇게 부족할까…

마음의 여유가 없어져

주변 사람에게 다정하게 대하지 못해

**GOOD**

# 내 장점을 알고, 점점 더 키워보자!

너에게는 다른 사람에게는 없는 멋진 점이 반드시 있어.
남의 좋은 점과 비교하지 말고, 그걸 본받는 마음으로 받아들이면 돼!

## 남과 자신을 비교하지 말자! 자신의 장점에 눈을 돌리자!

수현이는 공부를 잘하고, 지아는 운동을 잘하고, 하율이는 언제나 멋진 옷을 입고 있어… 누군가와 자신을 비교하면서 부족한 점을 찾는 건 정말 쉬운 일이야.
하지만 다른 사람과 비교할 필요는 없어. 왜냐하면 너에게는 너만의 좋은 점이 있으니까. 자신의 좋은 점을 알고, 그것을 키워나가는 것, 그게 바로 자신을 소중히 여기는 첫걸음이야!

항상 웃는 모습

누구에게나 따뜻하게 대하는 마음

어떤 일에도 감동하는 모습

# 자신을 소중히 여기면…

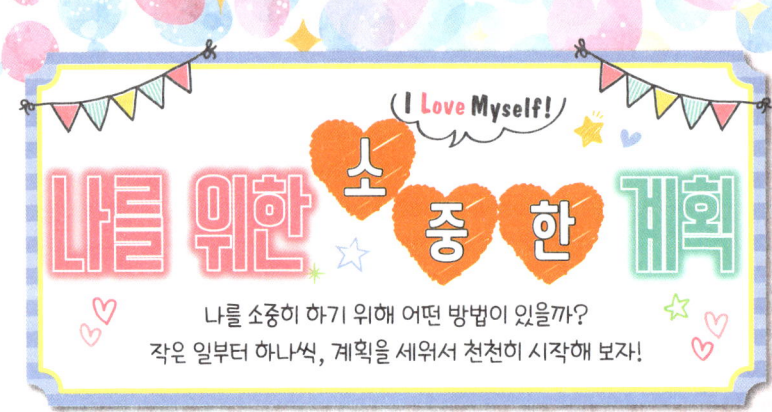

나를 소중히 하기 위해 어떤 방법이 있을까?
작은 일부터 하나씩, 계획을 세워서 천천히 시작해 보자!

## STEP 1

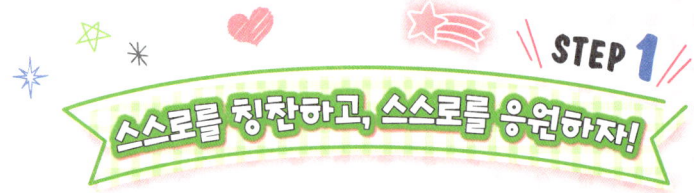

오늘 하루 동안 나는 어떤 좋은 일을 했는지 한번 떠올려 보자. 친구에게 다정하게 대해줬을까? 집안일을 도왔을까? 작은 일이라도 하나 있다면, 마음껏 나 자신을 칭찬해줘. 그리고 만약 실수한 일이나 다시 해보고 싶은 일이 있었다면, 다음엔 어떻게 하면 좋을지도 함께 생각해보자.

도와줘서 고마워!
정말 열심히 했네!

괜찮아, 다음엔 더 잘할 수 있어!

### 포인트

거울에 비친 나 자신에게 "수고했어!", "참 잘했어!" 같은 칭찬을 말해보자.

## STEP 2
### 할 수 있게 된 일을 써보자!

내가 할 수 있게 된 일을 한번 적어보자. 예전보다 더 열심히 해낸 점을 알게 되면, 지금의 나 자신도 좋아질 수 있을 거야. 할 수 있는 일이 하나씩 늘어가면 자신감이 생기고, 더 많은 일에 도전해보고 싶은 마음도 생겨날 거야.

제1장 나를 알고, 더 멋진 내가 되자!

**포인트**
무엇을 계기로 할 수 있게 되었는지도 함께 적어두자.

'이미 잘하게 된 것도 좋지만, '앞으로 잘하고 싶은 것'을 생각해보면 내일이 더 즐거워질 거야!

## 스트레스를 쌓아두지 말자!

마음이 받는 상처를 스트레스라고 하고, 그로 인해 지치거나 힘들어지는 것을 스트레스 반응이라고 해. 이런 건 살아가면서 피할 수 없는 거야. 친구나 가족, 공부 문제, 환경의 변화 같은 너를 둘러싼 여러 가지 걱정거리들이 너의 마음에 스트레스를 주고 있는 거야.

### 스트레스, 이런 일들로 쌓이고 있는 걸까?

- 엄마가 자꾸 잔소리해서 힘들어.
- 옆자리에 앉은 남자애가 자꾸 물건을 잊어버려.
- 등굣길 신호가 너무 오래 걸려.
- 성적이 안 올라…

### 스트레스는 모르는 사이에 쌓이고 있어…

## 스트레스를 쌓아두면 어떻게 될까!?

### 마음을 조절하지 못하게 돼…

- 기분이 가라앉는다
- 짜증이 늘어난다
- 의욕이 사라진다

### 몸 상태도 나빠질 수 있어

- 배가 아프고 두통이 생긴다
- 아침에 일어날 수 없게 된다
- 밤에 잠이 안 온다

으으… 아파…

망가뜨려 버렸어…!

### 잘 풀리지 않는 일이 많아져

- 실수가 많아진다
- 말투가 거칠어진다
- 생각이 부정적으로 변한다

제1장 나를 알고, 더 멋진 내가 되자!

# 모두의 스트레스 해소법

### 왜 짜증이 나고 답답할까?

누구나 크든 작든 스트레스를 느끼며 살아가고 있어. 다른 사람들은 어떤 방법으로 스트레스를 해소하고 있는지 함께 살펴보자!

## 스트레스는 누구에게나 있어!

지금, "스트레스를 받고 있는 것 같아"라고 느끼고 있니?

아니오! 2%
예! 98%

*초등학교 2학년부터 중학교 1학년까지의 학생 100명에게 물어봤어.

모두에게 물어봤어!

## 모두의 스트레스 해소법

### 1 몸을 움직이자!

스포츠나 댄스로 몸을 움직이면 기분 전환이 돼. 땀을 흘리면 마음까지 상쾌해지는 느낌이 들거든.

좋은 스트레스 해소 방법이야! 한 번에 많이 하는 것보다, 일주일에 2~3번씩 조금씩 꾸준히 하는 게 더 좋아.

## ② 책을 읽자!

나는 좋아하는 책을 읽는 게 가장 좋은 스트레스 해소 방법이야. 책에 몰입하다 보면, 걱정이나 싫은 일도 잊게 되거든!

좋아하는 일에 몰두하면 집중도 잘 되고, 마음이 한결 가벼워지지!

## ③ 목청껏 소리 지르자!

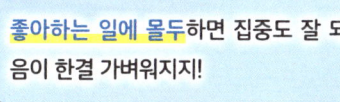

짜증이 나거나 분한 마음이 들 때는, 큰 소리로 외치는 것도 도움이 돼.

배 속 깊은 곳에서부터 소리를 내면, 마음도 몸도 상쾌해지는 기분이 들어!

## ④ 참지 말고 마음껏 울자!

눈물 나는 영화나 만화를 보고 실컷 울면 마음이 시원해져! 싫었던 감정이 전부 씻겨 내려가는 느낌이 들어.

눈물을 흘리는 건 단순히 슬퍼서만이 아니야. 몸 속 스트레스 호르몬을 밖으로 내보낼 수 있고, 마음도 편안해지는 효과가 있거든.

제1장 나를 알고, 더 멋진 내가 되자!

## 5 누군가에게 상담하자!

그 밖에도 이런 스트레스 해소법이 있어!

스트레스를 느꼈을 때는, 그 원인에 대해 누군가에게 상담하거나 이야기를 들어달라고 하는 것만으로도 괜찮아. 말로 털어놓기만 해도 마음이 한결 가벼워지는 법이야. 또, 이야기하는 과정에서 내 마음이나 상황이 정리되기도 하고, 상대가 조언을 해주면서 뜻밖의 해결 방법이 보일 때도 있어.

있잖아, 이런 일이 있었어…

응

가족, 선생님, 친한 친구, 다른 반 친구, 다른 학교 친구 등, 상황에 따라 이야기를 나눌 상대를 다르게 정하는 것도 좋아!

### 예를 들어, 이렇게 정해 보자

스트레스의 원인이
🅐 가족 문제일 때  🅑 가벼운 문제일 때

🅐 → 스트레스의 내용이  🅐 심각하다  🅑 가볍다

🅑 → 그 친구는  🅐 같은 반  🅑 다른 반

🅐 **선생님께 상담!**
믿을 수 있는 어른에게 상담하고, 조언을 받아보자.

🅑 **친한 친구에게 하소연해 보기!**
친한 친구랑 툴툴대며 이야기 나누면 마음이 한결 가벼워질지도 몰라.

🅐 **선생님이나 다른 반 친구에게 상담!**

🅑 **가족이나 같은 반 친구에게 상담!**

한 걸음 떨어진 시선으로 봐줄 수 있는 사람에게 상담하는 게 좋아. 나와 다른 입장의 사람에게서 받는 조언이 도움이 될 때도 있어.

## 6 내 주변을 좋아하는 것들로 채우자!

좋아하는 일을 하거나, 좋아하는 것들에 둘러싸여 있으면 기분이 절로 좋아지지?
"스트레스가 쌓인 것 같아…"라고 느낄 때는 내가 좋아하는 것들을 한곳에 모아봐.
좋아하는 걸로 내 주변을 가득 채우면, 스트레스도 어느새 사라질 거야.

### 네가 좋아하는 물건이나 좋아하는 일은 뭐야?

- ♥ 어릴 때부터 아끼던 인형
- ♥ 내가 좋아하는 옷
- ♥ 예쁜 꽃   ♥ 책
- ♥ 친구들과 찍은 사진
- ♥ 친구에게 받은 편지
- ♥ 내가 좋아하는 아이돌 음악
- ♥ 동경하는 모델이 실린 잡지
- ♥ 과자 만들기   ♥ 게임

**하율의 경우**

나는 그림 그리는 걸 좋아해서, 그림을 그리거나 지금까지 그린 그림들을 바라보곤 해!

**수현의 경우**

겉보기엔 안 그래 보일 수도 있지만, 귀여운 걸 좋아해서, 귀여운 것들을 모아보고 싶어. 인형에 리본을 달아서 더 귀엽게 꾸미거나, 예쁜 문구류를 모아볼까 해.

## 더 자신감 있는 나로!
## 퍼스널 컬러로 외모를 업그레이드해 봐!

'퍼스널 컬러'란, 자신의 피부색이나 눈동자 색,
분위기에 잘 어울리는 색을 말해요.
질문에 답하면서, 나는 어떤 타입인지 확인해보자!

### 질문에 답을 예 → 아니요···〉 로 답하면서 이동

※ 혼자 잘 모르겠다면, 가족이나 친구에게 물어보는 것도 좋아!

**시작**

- 눈동자 색은 검은색보다는 밝고, 갈색 느낌이 있어.
- 햇빛을 받으면 머리카락 색이 갈색처럼 보여.
- 볼이 쉽게 빨개진다
- 밝은 파스텔 색 옷이 잘 어울린다
- 어두운 색 옷이 잘 어울린다
- 피부색이 노란빛보다는 핑크빛에 가깝다

파란색 옷보다 **주황색이나 노란색 옷**이 더 잘 어울린다고 한다

→ **봄**
귀엽고 밝은 **봄웜톤** 타입
▶ 62페이지에

물방울무늬나 꽃무늬는 **큰 것보다 작은 게** 더 잘 어울린다

→ **여름**
산뜻한 색의 **썸머** 타입
▶ 63페이지에

악세서리는 **실버보다 골드가** 더 잘 어울린다

→ **가을**
성숙한 분위기의 **어텀** 타입
▶ 64페이지에

"**시크하고 멋지다**"는 말을 들어본 적이 있다

→ **겨울**
선명한 색이 잘 받는 **윈터** 타입
▶ 65페이지에

제 1 장

나를 알고, 더 멋진 내가 되자!

**너는 어떤 색이 잘 어울릴까?**

# 퍼스널 컬러별 스타일 코디

나에게 어울리는 색을 입으면 더 멋지고 반짝일 수 있어!

캐주얼하게 연출해 봐♪
신발은 스니커즈로 매치해서

### POINT.1
골드 액세서리가 피부 톤에 잘 어울려.

## 봄

**귀엽고 사랑스러운 느낌!
봄 분위기가 잘 어울리는 타입!**

봄꽃을 떠오르게 하는 연한 핑크, 노랑, 오렌지 같은 밝은 색이 잘 어울려. 신발이나 가방은 검은색보다 갈색이 더 잘 어울려서 추천해!

### POINT.2
코랄 핑크는 봄웜톤에게 꼭 추천하는 컬러야.

### POINT.3
큰 무늬보다는 작은 무늬가 더 잘 어울려.

**추천 컬러**

## 여름

나를 알고, 더 멋진 내가 되자!

여름 느낌 업! 클리어 소재의 가방으로

**우아하고 산뜻한 느낌! 여름 분위기가 잘 어울리는 타입이야!**

수국 꽃처럼 은은하고 부드러운 색이 잘 어울려. 액세서리는 은색 계열을 하면 더 다정하고 부드러운 인상을 줄 수 있어서 추천해!

### POINT.1
상의는 흰색이 섞인 파스텔 컬러나 약간 톤 다운된 스모키 컬러를 고르면, 피부가 더 밝고 화사해 보여!

### POINT.2
하의는 깔끔한 핏의 슬림 팬츠로 코디해서 전체적인 라인에 포인트를 줘 보자!

### POINT.3
발끝은 여름 느낌 가득한 신발로 딱 멋지게 마무리하자!

### 추천 컬러

## 가을

### POINT.1
가을 느낌의 레드 컬러 굵은 머리띠로 코디 전체를 멋지게 완성해봐!

### 시크하고 멋진 분위기!
### 가을 느낌이 잘 어울리는 타입!

가을 단풍을 떠올리게 하는 따뜻하고 짙은 색이 잘 어울려. 머스타드나 카키 같은 자연스러운 색을 쓰면 차분하고 멋진 느낌을 줄 수 있어☆

### POINT.2
가방도 전체 컬러에 맞춰 따뜻한 색으로 맞춰보자!

### POINT.3
차분한 색이어도 미니 스커트라면 충분히 귀엽게 연출할 수 있어!

한층 더 성숙한 분위기 업! 짙은 브라운 점퍼스커트로

### 추천 컬러

## 겨울

**차분하고 멋진 느낌!**
**겨울 분위기가 잘 어울리는 타입!**

선명한 빨강이나 로열 블루처럼 탁하지 않은 뚜렷한 색이나 검정·흰색 같은 모노톤 색깔이 잘 어울려. 얼굴이 또렷해 보이고, 멋지고 시원한 인상을 줄 수 있어!

제1장 나를 알고, 더 멋진 내가 되자!

포인트를 주자! 시크한 코디에도 비비드 컬러로

### POINT.1
악세사리는 눈처럼 반짝이는 실버 컬러가 딱 좋아!

### POINT.2
비비드 컬러의 소품으로 포인트를 줘서 전체 스타일을 멋지게 완성해 보자!

### POINT.3
슬림한 스키니 팬츠로 상의와 밸런스를 맞춰서 멋스럽게 연출해 봐!

 추천 컬러

나 자신을 레벨 UP⬆

# 평소의 관 리 로 자신감을 키우자!

자신감을 키우기 위해서는 외모를 의식하는 것도 하나의 빠른 길이야. 여기에서는 일상생활 속에서 자신감으로 이어질 수 있는 간단한 관리 방법들을 소개할게.

## 예쁜 머리로 자신감을 키우자!

머리를 감기 전

### 머리를 정성스럽게 빗는다

머리를 감기 전에 먼저 브러싱을 해 줘. 엉킨 머리가 풀리고, 대부분의 먼지나 때도 함께 없어져. 브러시는 ❶끝부분▶❷중간▶❸머리 위쪽 순서로 빗어 줘.

### 잘 헹군다

머리를 감을 때

샴푸를 바르기 전에 미지근한 물로 충분히 예비 세정을 해 줘. 시간은 1~3분 정도가 좋아. 그러면 샴푸도 더 잘 거품나!

### 샴푸는 거품을 내서 사용한다

샴푸는 물을 조금씩 더해가며 손바닥에서 거품을 내서 써 보자. 머리를 세게 문지르지 않아도 돼서, 손상을 줄일 수 있어.

머리를 감은 후

### 꼼꼼히 말린다

머리를 감았으면 꼭 말려 줘. 드라이어를 사용해서 뿌리부터 말리는 거야. 머리카락에서 15~20cm 정도 떨어뜨려서 말려 줘.

## 예쁘게 앉은 자세

### 앉아 있을 때도 예쁜 자세로!

**등·허리**
등이 구부정해지거나 너무 뒤로 젖혀지지 않도록 신경 써보자.

**머리**
위로 끌어올려지는 느낌으로, 목에서 뒤통수까지 쭉 곧게 펴보자.

**엉덩이**
몸의 중심이 가운데 오도록 해보자. 한쪽으로만 체중이 쏠리지 않도록 주의해줘.

**무릎**
두 무릎은 붙이고, 발끝은 정면을 향하게 해보자.

---

### 바른 자세를 익히고 항상 긍정적인 마음으로!

### 올바른 자세

**턱을 살짝 당긴다**
턱이 앞으로 빠지면 등이 구부정해지기 쉬워.

**어깨를 편다**
어깨가 좌우로 기울어지거나 안쪽으로 둥글게 말리지 않도록 주의하자.

**허리**
땅에서부터 쭉 올라가는 느낌으로, 엉덩이에 살짝 힘을 주는 걸 상상해보자.

**무릎**
양 무릎 안쪽이 서로 붙도록 의식해보자.

**발**
양쪽 발에 균형 있게 체중이 실리도록 해보자.

제 1 장 나를 알고, 더 멋진 내가 되자!

# 나의 장점을 키우는 비결

## 더 키워보자!

나의 장점을 키우면 마음도 한 단계 성장해. 내 좋은 점을 살리면 나 자신을 더 좋아하게 되고, 주변 사람들도 행복해질 수 있어!

## 너만의 좋은 점이 있어!

'밝다', '행동력이 있다', '어떤 일도 쉽게 포기하지 않는다'처럼, 장점은 누구에게나 있는 법이야. 스스로 잘 모르겠다면, 가족이나 친구에게 물어보는 것도 좋아. 가까이 있는 사람일수록 너 자신보다 너를 더 잘 알고 있을지도 몰라!

- 예나는 항상 다정해!
- 수빈이는 정말 믿음직해!
- 수현이는 항상 차분해.
- 하율이는 항상 웃고 있어!
- 지아는 밝고 재미있는 친구야!

## 너의 장점 　　　　너의 장점을 키우는 방법

사람들을 즐겁게 해주는 걸 좋아해!

속상해하는 친구를 다정하게 응원해보자! 너의 밝은 마음이 친구에게 큰 힘이 되어줄 거야.

꼼꼼하고 깔끔한 성격이야!

자원봉사로 쓰레기 줍기에 참여해보자! 내가 사는 동네가 깨끗해지고, 많은 사람들에게 고마움을 받게 될 거야.

집합 5분 전!

시간 약속은 반드시 지켜!

리더!

반장이나 그룹의 리더에 도전해보자! 책임감 있는 너라면 분명 친구들에게 믿음직한 존재가 될 거야.

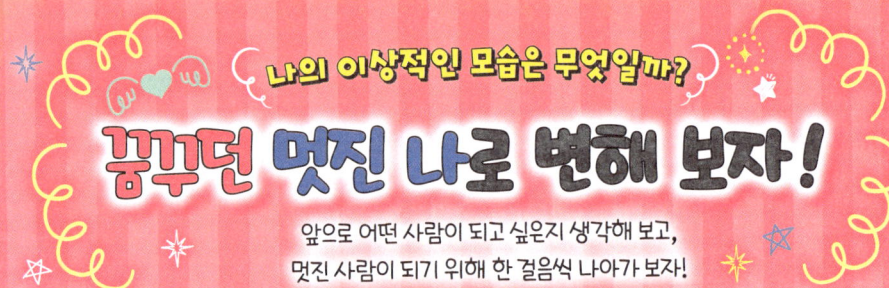

# 꿈꾸던 멋진 나로 변해 보자!

앞으로 어떤 사람이 되고 싶은지 생각해 보고,
멋진 사람이 되기 위해 한 걸음씩 나아가 보자!

## 넌 어떤 사람이 되고 싶어?

미래에 어떤 사람이 되고 싶은지 한 번 생각해 보자. 친절한 사람? 모두에게 사랑받는 사람? 그 모습에 가까워지는 건 너의 작은 마음가짐에서 시작돼. 지금 할 수 있는 일부터 하나씩 시작해 보자. 그리고 마음껏 상상해 봐— 빛나고 당당한, 멋진 미래의 너를!

언제나 웃는 얼굴!

믿음직해!

친절해!

용모가 단정해!

## 꿈꾸는 나의 모습을 상상해보자!

### 누구에게나 다정한 사람이 되고 싶어!

가족이나 친구처럼 가까운 사람에게 다정하게 대해보자. 아주 작은 일이라도 상대의 입장에서 생각해 보는 게 좋아. 다만, 너무 간섭처럼 느껴지지 않도록 주의하자.

> **한마디 조언**
> 어떻게 해야 할지 몰라서 망설여질 땐, 조용히 지켜봐 주는 것도 하나의 다정함이야.

---

## 닮고 싶은 사람의 좋은 점을 찾아보자!

### ○○ 선생님 / ○○ 친구 ~처럼 되고 싶어!

닮고 싶은 선생님이나 친구가 있다면 그 사람을 잘 관찰해보자. 그러면 내게 없는 점들이 하나씩 보이기 시작할 거야. 전부 따라 하려고 하기보다는, 나도 해볼 수 있을 것 같은 부분부터 조금씩 받아들여보자.

> **한마디 조언**
> 무엇이든 남을 따라 하기만 해서는 안 돼. 나다운 모습을 소중히 해!

제1장 — 나를 알고, 더 멋진 내가 되자!

# 나만의 프로필을 만들어보자!

자신에 대한 프로필을 정리해 보면, 나를 더 잘 이해할 수 있고 목표나 계획도 쉽게 세울 수 있어!

## Yena's Profile
### 예나의 프로필

- **이름**: 김예나
- **별명**: 왕눈이
- **출생일**: 0000 년 4 월 10 일
- **별자리**: 양자리
- **혈액형**: A 형

**취미**: 만화책 읽기

**특기**: 만화를 빠르게 읽는 것

**장점**: 온화하고 엉뚱한 타입

**단점**: 금방 눈물이 나는 편

**앞으로 해보고 싶은 일**: 그림을 배우고 싶어!

**앞으로 노력하고 싶은 것**: 태권도를 잘하고 싶어!

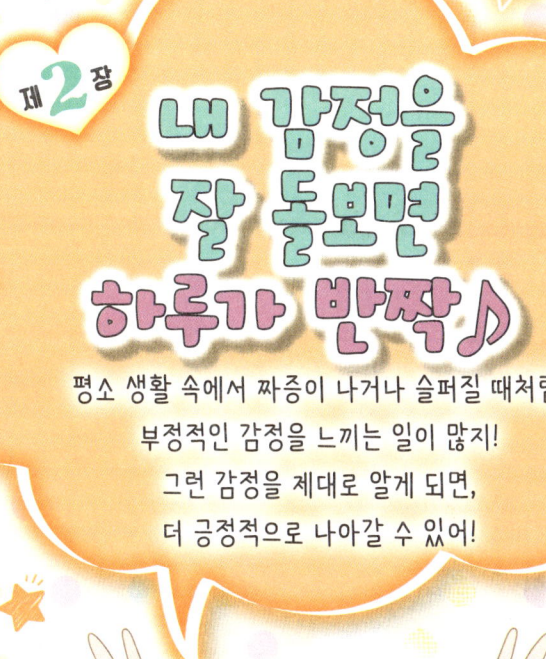

## 제2장 내 감정을 잘 돌보면 하루가 반짝 ♪

평소 생활 속에서 짜증이 나거나 슬퍼질 때처럼,
부정적인 감정을 느끼는 일이 많지!
그런 감정을 제대로 알게 되면,
더 긍정적으로 나아갈 수 있어!

# 모두의 마음속에 있어!
# 기분이란 멀까?

어떤 일이 일어났을 때 마음속에 떠오르는 감정을 '기분'이라고 해.
너의 마음속에는 어떤 기분이 있니?

친구들이 내 생일을 축하해 줬어!

가족이랑 바다에 놀러 갔어!

이럴 때, 너라면 어떤 기분이 들 것 같아? 한번 생각해봐!

# 플러스➕ 마이너스➖ 다양한 감정들을 살펴보자!

기쁘고 즐거운 감정도, 슬프고 불안한 감정도, 모두 너 안에 있는 소중한 마음이야. 어떤 감정이든 괜찮아. 그건 너의 진짜 마음이니까.

## 각각의 감정에 대해 살펴보자

여러 가지 감정에 대해 알고, 그때의 내 상황과 함께 떠올려 보면 내 마음을 다른 사람에게 더 쉽게 표현할 수 있게 돼.

### 긍정적인 감정

친구들과 이야기하거나 가족과 여행을 가면 저절로 웃음이 나고 마음이 들뜨지? 그런 기분을 '즐거움'이라고 해. 즐거울 때는 그 마음을 말로 표현해서 주변 사람들에게도 전해 보자.

즐거움

기쁨

열심히 한 일을 누군가가 인정해 주거나, 내가 바라던 일이 이루어졌을 때는 '기쁜' 마음이 들지? 이런 기쁨은 새로운 의욕이나 나 자신에 대한 자신감으로 이어져!

즐겁다고 느끼는 일이나 좋아하는 일을 할 때, 기쁨이나 기대감으로 가슴이 두근거리는 기분을 '설레는 마음'이라고 해. 이 설레는 마음을 소중히 여기면서, 다양한 일에 도전해 보자.

무심코 웃음이 나올 때의 감정이나, 흥미가 생겨서 더 알아보고 싶어지는 마음을 '재미있다'고 해. '재미있다'는 감정은 어떤 것에 대한 흥미에서 생기기도 하고, 스스로 행동을 해봄으로써 생기기도 해.

맛있는 걸 먹었을 때나, 정말 좋아하는 반려동물과 함께 있을 때 마음이 포근해지는 기분이 바로 '행복'이야. 행복한 기분이 들면 마음이 편안해지고, 자연스럽게 웃음도 많아지지.

좋아하는 사람과 눈이 마주치면 가슴이 두근두근하지? 놀랐을 때나 무섭다고 느낄 때도 두근거리는 기분이 들 수 있어.

## 부정적인 감정

일이 잘 풀리지 않거나, 누군가에게 무시당했을 때 느끼는 감정이 바로 '화'야. 화가 폭발하면 다른 사람을 상처 입히거나, 나 자신도 힘들어질 수 있어. <u>그래서 화를 잘 조절할 수 있도록 연습해 보자.</u> ▲101쪽을 봐 줘.

소중한 사람이나 물건을 잃었을 때, 누군가에게 상처 주는 말을 들었을 때, 힘든 일이 생겼을 때 느끼는 감정이 '슬픔'이야. 슬프다고 느낄 때는 <u>혼자 마음속에 담아 두지 말고, 누군가에게 이야기해 보거나, 좋아하는 일을 하며 마음을 가라앉혀 보자.</u> ▲96~99쪽을 봐 줘.

시험이나 발표회처럼 새로운 일에 도전할 때 느끼는 걱정되고 불안한 마음을 '불안'이라고 해. 불안한 마음이 가득할 때는 <u>복식호흡을 해 보거나, 내가 왜 불안한지 그 이유를 생각해서 노트에 적어 보면 마음이 차분해질 거야.</u> ▲107쪽을 봐 줘.

노력한 걸 알아주지 않거나, 열심히 했는데도 좋은 결과가 나오지 않았을 때, 화가 나고 눈물이 날 때가 있지? 그런 기분을 '분한 마음'이라고 해. <u>분한 마음이 드는 건 나쁜 일이 아니야. 오히려 그것이 나를 성장시킬 수 있는 기회가 되기도 해.</u> ▲105쪽을 봐 줘.

주변 사람과 자신을 비교하면서 부럽다는 생각이 들면, 괜히 기분이 나빠질 때가 있지? 그런 감정을 '질투'라고 해. 질투가 느껴질 때는, 그 사람의 좋은 점을 따라 해 보는 것도 좋은 방법이야. ▲109쪽을 봐 줘.

처음 만나는 사람과 이야기할 때나, 많은 사람 앞에서 무언가를 해야 할 때 느끼는 감정을 '긴장'이라고 해. 긴장하면 머릿속이 하얘지거나, 배가 아프기도 하지. 그럴 때는 '난 괜찮아'라고 마음을 가라앉히는 게 중요해.

일이 마음대로 되지 않거나, 조급해져서 마음이 불안할 때 주변이나 자신에게 화가 날 때가 있지? 그런 감정을 '짜증'이라고 해. 짜증이 나면 주변이 잘 보이지 않게 되고, 오히려 일이 더 잘 풀리지 않을 수도 있어. 먼저 짜증이 날 때 어떻게 대처하면 좋을지 방법을 배워 보자. ▲101~103쪽을 봐 줘.

사람들 앞에서 실수했을 때, 그 자리에선 사라지고 싶을 만큼 느끼는 감정이 '부끄러움'이야. 부끄럽다고 느껴도 자신을 탓하기보다는, 다음에는 같은 실수를 하지 않도록 방법을 바꿔 보는 등 긍정적으로 생각해 보자.

# 모두가 들려주는 행복한 순간!

### 너는 언제 행복하다고 느껴?

기쁘거나 즐거웠던 순간… 모두는 언제 행복한 기분이 들었을까?
친구들의 일기를 함께 살펴보자!

**지아의 일기**

**5월 25일**

다 함께 열심히 연습해서 도전한 단체 줄넘기 대회에서 우리 반이 우승했어!! 처음엔 줄넘기를 잘 못하던 친구들도 있었지만, 연습하면서 점점 잘하게 돼서 정말 다행이고 기뻤어!

> 모두 함께 열심히 해서 우승할 수 있어서 정말 기뻤어!!
> 반 친구들한테도 "가르쳐줘서 고마워"라고 말까지 들었어!

## 다른 친구들은 어떻게 느꼈을까?

> 처음에는 잘 못 뛰었지만, 지아가 가르쳐 준 덕분에 잘하게 돼서 정말 기뻤어!

> 실수해서 모두에게 피해를 주고 속상해하고 있었는데, 지아가 날 위로해 줬어. 정말 기뻤고 큰 힘이 되었어!

## 수빈의 일기

### 즐겁다

**7월 30일**

야영학교에 다녀왔다. 모두 함께 텐트를 치고, 저녁에는 카레를 만들었다. 밤에는 친구들과 수다를 하면서 정말 즐거운 시간을 보냈다!

> 같이 밥을 만들어 먹고, 수다뿐만 아니라 비밀 이야기도 나누고, 정말 즐거운 시간이었어! 친구들과 더 가까워진 느낌이 들었어!

## 다른 친구들은 어떻게 느꼈을까?

> 요리는 별로 자신이 없어서 실수하지 않을까 걱정됐지만, 모두랑 함께였기 때문에 맛있게 만들 수 있었고 정말 즐거웠어!!

> 가족과 떨어져서 자는 건 조금 불안했지만, 모두랑 이야기하다 보니 그런 걱정은 싹 잊고 즐겁게 지낼 수 있었어!

## 예나의 일기

### 웃기다

**10월 7일**

친구들과 함께 개그 공연을 보러 갔어. 계속 웃느라 정신이 없었어! 너무 많이 웃어서 웃느라 지칠 정도였어~!

사실은 시험 점수가 안 나와서 쫌 우울했는데, 재미있는 걸 보고 크게 웃었더니 왠지 힘이 나서 내일부터 다시 열심히 공부해보자! 하는 마음이 들었어.

## 다른 친구들은 어떻게 느꼈을까?

개그맨보다도 크게 웃는 예나를 보고 있는 게 더 재미있었어. 나까지 덩달아 기분이 좋아졌어!

개그맨이 사람들을 웃게 하려고 정말 많은 아이디어를 짜내고 노력한다는 걸 알고, 정말 대단하고 재미있는 일이구나 싶었어.

무엇을 통해 행복을 느끼는지는 사람마다 달라. 내 행복도, 다른 사람의 행복도 함께 소중히 여겨보자.

제 2 장

내 감정을 잘 돌보면 하루가 반짝♪

## 수현의 일기

**설렌다**

9월 18일

수빈이랑 같이 과학 교실에 다녀왔어. 학교에는 없는 도구를 사용해서 엄청 큰 비눗방울을 만들었지!!

> 학교에서 배우지 않은 내용을 공부할 수 있어서 설레었어. 과학에 대해 더 많이 알고 싶어!

> 과학은 좀 어려웠는데, 실험은 마치 요리하는 것 같아서 정말 설레고 재미있었어!

## 하율의 일기

**행복**

3월 5일

정말 좋아하는 만화를 몰아서 읽었어! 몇 번을 읽어도 감동적인 이야기라서 싫었던 일도 어느새 잊어버렸어.

> 정말 좋아하는 일만 실컷 했더니 기분이 아주 좋아졌어. 그래서 내일부터 학교도 열심히 다녀야겠다는 긍정적인 마음이 생겼어!

> 하율이는 집에서 시간을 보내는 게 행복한 거구나. 나는 그 반대지만, 우리 둘 다 행복하다는 마음은 똑같아!

## 매일을 행복하게!
# 긍정적인 마음을 더 많이 키워보자!

긍정적인 감정이 많아지면 마음도 활기차져. 내 마음을 건강하게 만들 수 있도록, 기분 좋은 감정을 어떻게 늘릴 수 있을지 함께 생각해 보자.

### 1. 내 주변에서 행복을 찾아보자!

크게 기쁜 일이 아니더라도, 일상 속에서 작은 행복을 발견할 수 있다면 행복을 느낄 수 있는 순간이 훨씬 많아질 거야!

등굣길에 귀여운 고양이를 봤어!

오늘 간식은 내가 제일 좋아하는 핫케이크였어!

내가 좋아하는 아이돌이 TV에 나왔어!

정성껏 키운 튤립이 피었어!

작은 일이라도 '행복하다'고 생각하려고 했더니, 왠지 점점 긍정적으로 생각할 수 있게 됐어!

## 잘하는 일이나 좋아하는 일을 해보자!

가끔은 못하는 일은 잠시 잊고, 잘하는 일이나 좋아하는 일만 해도 괜찮아. 잘하는 일을 하면 자신감을 되찾을 수 있고, 좋아하는 일을 하면 기분 전환도 될 수 있어!

## 가족이나 친구와 사이좋게 지내자!

가족이나 반려동물, 친구들과 사이좋게 지내고 여유로운 시간을 보내면 마음이 차분해지고, 다른 사람에게도 더 친절해질 수 있어.

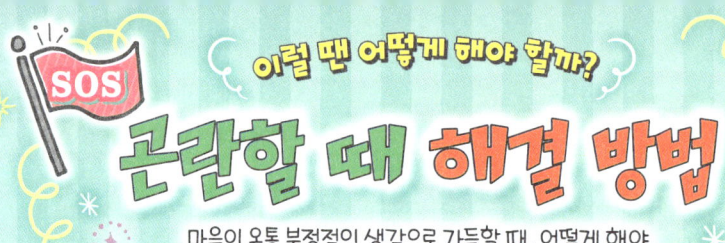

# 곤란할 때 해결 방법

## 이럴 땐 어떻게 해야 할까?

마음이 온통 부정적인 생각으로 가득할 때, 어떻게 해야 괜찮아질 수 있을까? 지금부터 그 해답을 하나씩 알아보자!

## 슬플 때나 우울해졌을 때

어떤 일이 계기가 되어 마음이 아프고, 눈물이 날 것 같은 감정을 '슬픔'이라고 해. 슬프고 기운이 빠지는 순간은 예를 들면 다음과 같은 경우가 있어.

일이 잘 안 풀릴 때 실패했을 때

다른 사람의 말이나 차가운 시선에 상처받았을 때

소중한 사람과 이별했을 때

슬퍼지거나 우울해지는 건 누구에게나 있는 자연스러운 일이야. 피할 수 없는 감정이기도 하지. 하지만 그 슬픔에 너무 오래 머무르는 건 마음이 너무 아프고, 무엇보다 너 자신이 힘들잖아. 그래서 이제, 그 마음을 조금이라도 가볍게 해줄 수 있는 방법을 함께 찾아보자!

## 슬프거나 우울할 땐 이렇게 해보면 좋아!

### 혼자 고민하지 말자!

슬픈 마음을 혼자 껴안고 있지 말고, 가족이나 믿을 수 있는 친구에게 이야기해 보자. 문제가 바로 해결되지 않더라도, 말하는 것만으로 마음이 조금 가벼워질 수 있고, 누군가의 따뜻한 격려 한마디에 다시 힘이 날 때도 있어.

### 참지 말고 울자!

울고 싶은 마음이 들 때는 참지 말고 마음껏 울어도 괜찮아. 눈물을 흘리면 스트레스가 풀리기도 하고, 마음이 후련해질 때도 있어.

### 설레는 것을 접하자!

아름다운 풍경을 보거나, 좋아하는 인형이나 꽃을 방에 장식해 보자. 예쁜 것, 귀여운 것처럼 마음이 설레는 무언가에 닿으면, 마음이 치유되고 기운이 날 수 있어.

> 몸을 움직이는 것도 아주 좋은 기분 전환 방법이지! 다음 페이지에서 좀 더 자세히 살펴보자!

> 나는 근력 운동을 하면서 슬픈 생각을 머릿속에서 확 날려버려!

## 운동과 스트레칭으로 기분 전환하자!

**몸을 움직이기**

방 안에 가만히 있으면서 슬픈 생각을 계속 반복하기보다는, 운동을 하거나 스트레칭을 해서 몸을 움직이는 게 훨씬 기분이 상쾌해질 거야. 쉬는 시간에 친구들과 밖에서 공놀이를 하거나, 집에서 간단한 스트레칭을 해도 좋아. 즐겁게 몸을 움직이면 슬펐던 일도 잊을 수 있을지도 몰라. 집 근처를 산책하는 것도 좋아!

슬픔이 땀과 함께 흘러나가는 기분이야!

### 한번 해보자! 좋아하는 음악에 맞춰 춤추기!

네가 좋아하는 음악에 맞춰 춤추는 것도 정말 즐거워!
꼭 정해진 춤이 아니어도 괜찮아. 그 순간 떠오른 너만의 동작이면 충분해!
세세한 건 신경 쓰지 말고, 음악에 몸을 맡겨서 마음껏 춤춰 보자.

주변 시선 신경 쓰지 말고 춤춰!

## 욕조에 천천히 몸을 담그자!

목욕을 하면 몸 속까지 따뜻해지고, 릴랙스 효과도 있어. 샤워만 하지 말고, 욕조에 천천히 몸을 담가 보자. 마음이 차분해지고 피로도 풀리며 땀도 나서 몸에도 좋아. 몸이 따뜻해지면 푹 잘 잘 수 있는 효과도 있어.

좋아하는 향의 입욕제를 넣는 것도 추천해!

### 한번 해보자! 목욕하는 방법 포인트

더 깊은 휴식을 도와주는 목욕법의 포인트를 함께 살펴보자.

#### 포인트 ❶ 식후 30분은 지난 뒤에 목욕하기

식사 후에는 소화 기관이 활동 중이기 때문에, 바로 목욕을 해도 몸이 제대로 쉴 수 없어. 몸에 무리가 가지 않도록 식사 후에는 30분 정도 쉬고 나서 목욕하자.

#### 포인트 ❷ 미지근한 물에 몸을 담그기

물이 너무 뜨거우면 몸이 제대로 이완되지 않아. 편안하게 릴랙스하려면 물 온도는 38~40도 정도로 맞추는 게 좋아.

몸에 열이 오르지 않도록 조심!

#### 포인트 ❸ 20분 정도 몸을 담그기

따뜻한 물에 천천히 몸을 담그면 혈액순환이 좋아지고 푹 잘 수 있어.

# 마음이 답답하고 짜증이 날 때

사람이나 어떤 일에 화가 나고, 마음이 뾰족뾰족해지는 감정을 '짜증'이라고 해. 짜증이 나는 순간은 예를 들면 이런 경우들이 있어.

**일이 뜻대로 되지 않을 때**

운동했는데 전혀 살이 안 빠졌어~!

**압박감을 느낄 때**

다음 시험에서는 꼭 80점 이상 받아야 해…

**피곤할 때, 몸 상태가 안 좋을 때**

콜록 콜록

**상처되는 말을 듣거나 불쾌한 일을 겪었을 때**

짜증을 내면 미간에 주름이 잡혀서 하나도 안 예뻐~!

내가 짜증이 나 있을 때, 그 짜증이 주변 사람들에게도 옮겨갈 수 있어. 이제 그 짜증을 물리칠 수 있는 방법을 함께 살펴보자!

# 짜증이 날 땐 이렇게 해보자!

## 그 자리를 잠시 떠나자!

같이 있는 가족이나 친구에게 짜증이 났을 때는, 그 자리를 잠깐 떠나는 등 짜증 나는 상황에서 벗어나 보면 좋아. 그러면 마음이 차분해지고, 짜증도 조금씩 가라앉을 거야.

## 즐거운 일을 떠올리자!

재미있게 봤던 TV 내용을 떠올리거나, 즐거웠던 여행을 되새기거나, 좋아하는 노래를 마음속으로 흥얼거려 보자. 머릿속을 즐거운 일로 가득 채우면 기분도 달라질 거야. 기대하고 있는 일정이 있다면 그걸 떠올리는 것도 좋아. 짜증나는 기분을 두근두근 신나는 기분으로 바꿔보자!

## 6초를 세자!

짜증의 절정은 6초라고 해. 이 6초만 참아내면 감정이 가라앉는다고 해. 짜증이 올라올 때는 마음속으로 천천히 6초를 세어 보자.

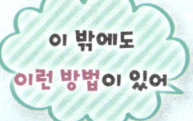
- ✤ 거울을 보며 웃는 연습하기
- ✤ 맛있는 음식을 먹기
- ✤ 좋아하는 일을 하기
- ✤ 속마음을 털어놓기
- ✤ 몸을 움직이기
- ✤ 큰 소리로 외치기

# 그 짜증, 혹시 잠을 못 자서 그런 걸지도 몰라!

짜증이 나는 원인 중 하나는 바로 수면 부족이에요. 밤늦게까지 깨어 있거나 잠이 부족하면 쉽게 짜증이 나고 화를 내기 쉬워져요. 매일 기분 좋게 보내기 위해서도 충분한 수면을 취하는 게 중요해요.

TV도 보고 싶고, 게임도 하고 싶고, 만화에 스마트폰까지… 하고 싶은 게 많아서 자꾸 늦게 자게 돼~

맞아~ 진짜 시간 부족해!

이불에 들어가도 좀처럼 잠이 안 와~

수면이 부족하면 두통이 생기거나, 몸이 나른해지거나, 피부가 거칠어지거나, 키가 잘 크지 않는 등 건강은 물론 외모에도 나쁜 영향을 줄 수 있어. 마음과 몸이 모두 건강하려면 잠은 꼭 충분히 자야 해!

## 수면 부족 해결!

### 잠자기 전 습관 만들자!

잠자리에 들기 전에 음악을 듣거나 스트레칭을 하는 등, 잠들기 직전에 할 일을 정해두는 것이 좋아요. 매일 반복하다 보면, 몸이 "이걸 하면 자는 시간이구나"라고 기억하게 되어 잠들기 쉬워져요. 잠들기 직전에 스마트폰이나 컴퓨터를 보는 건 피하는 게 좋아요. 스마트폰이나 컴퓨터에서는 '블루라이트'라는 빛이 나와서, 이 빛을 보면 잠이 잘 오지 않게 되거든요.

★ 자기 전에 책을 읽자!

## 푹 잘 수 있도록 스트레칭을 하자!

스트레칭을 하면 몸이 풀리면서 긴장이 완화되어 편안하게 잘 수 있어요.

### 한번 해보자! 잘 자기 위한 스트레칭

**1** 두 팔은 위로, 두 다리는 아래로 천천히 쭉 뻗는다.

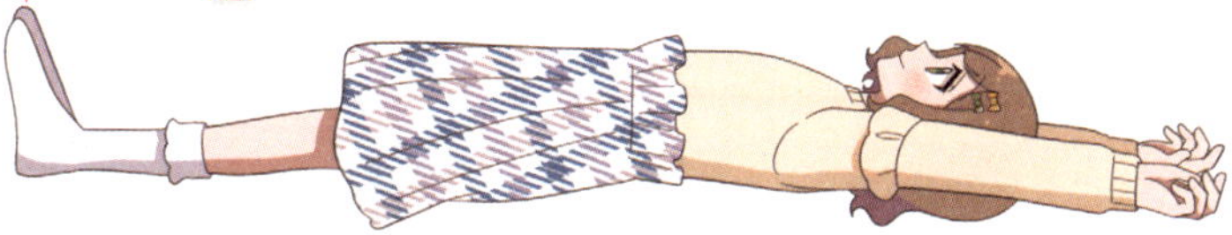

**2** 두 팔을 위로, 두 다리를 아래로 천천히 쭉 뻗는다.

〈········ 30초 유지! ········〉

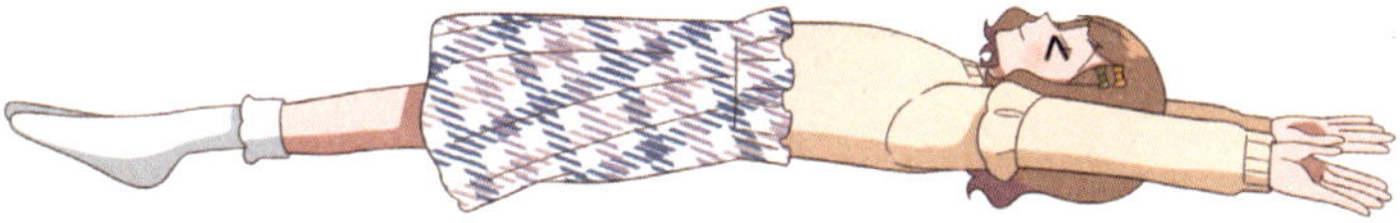

## 따뜻한 차를 한 잔 마시자!

몸이 따뜻해지고 나서 체온이 내려가기 시작할 때 잠이 오기 쉬워요. 그래서 자기 전에는 따뜻한 음료로 몸을 데워보세요. 따뜻한 물이나 따뜻한 우유가 좋아요. 다만, 너무 많이 마시면 밤에 화장실에 가고 싶어져서 잠에서 깰 수 있으니 컵 한 잔 정도만 마시는 게 좋아요. 커피나 홍차, 녹차에는 잠을 방해하는 '카페인'이 들어 있으니 저녁 이후에는 피하는 게 좋아요.

## 분한 마음이 들었을 때

'분하다'는 건, 무언가에 실패했을 때 쉽게 포기할 수 없거나 화가 나는 감정을 말해요.
분한 마음이 드는 순간은 예를 들면 다음과 같은 경우가 있어요.

시합에서 졌을 때

열심히 했는데 잘되지 않았을 때

조금 열이 있는 것 같아...

앗, 실수했어!

실력을 다 발휘하지 못했을 때

남과 비교했을 때, 상대가 더 뛰어났을 때

일이 잘 안 돼서 분한 마음이 드는 건,
그만큼 열심히 했다는 뜻이야.
그 마음을 힘으로 바꿔서 계속 노력해 보면
분명 더 멋진 네가 되어 있을 거야!

## 분할 땐 이렇게 해보면 좋아!

### 분석과 대책으로 실력을 키우자!

분석이란, 어떤 일을 하나하나 차분히 생각해 보고 관찰하면서 살펴보는 것이야. 분하고 아쉬웠던 일을 분석해 보면, 다음에 어떻게 하면 좋을지 길이 보이게 돼!

### 예를 들어, 이렇게 분석해볼 수 있어

농구 시합에서 졌어….

▶▶ **패배한 원인은 무엇일까?**

❶ 상대 수비가 강해서 드리블로 뚫을 수 없었다.
❷ 패스 미스가 많았다.
❸ 슛은 많이 했지만, 득점으로 연결된 횟수가 적었다.

### 그럼, 대책은 어떻게 될까?

▶▶ **패배의 원인을 극복하려면 어떻게 해야 할까?**

❶의 대책 ➡ 드리블을 더 많이 연습한다!
❷의 대책 ➡ 팀원들과 목소리를 주고받으며 적극적으로 패스를 요구하고, 상대의 마크를 뚫고 패스를 받을 수 있도록 연습한다.
❸의 대책 ➡ 다양한 각도와 거리에서 슛 연습을 하여 득점 성공률을 높인다.

노트에 적어 보면 좋아!

### 이번엔 제대로 해보자!

실패 원인을 분석하고 대책을 세웠다면, 다시 한 번 도전해 보자. 학교나 학원의 시험, 스포츠 경기, 음악이나 미술 대회 등 다시 도전할 기회가 있다면 꼭 해보길 바래. 너의 노력에 따라 분명 좋은 결과로 이어질 수 있어! 혹시 다시 도전할 기회가 없더라도, 다른 일을 할 때 그때의 경험을 충분히 살릴 수 있을 거야.

이번에는 꼭 100점 받을 거야아아아아!!

수빈아, 시험 중에는 조용히 해줘!

# 불안한 마음이 들었을 때

어떤 일이 자꾸 신경 쓰이고 마음이 불안해지며 가라앉지 않는 그런 기분을 '불안'이라고 해. 불안을 느끼는 순간은 예를 들면 이런 경우들이 있어.

지아가 나를 피하는 것 같아…

고민이 있을 때

어려운 일이나 처음 해보는 일에 도전할 때

나한텐 무리야ㄹ

합창 콩쿠르 반주라니…

자신감이 없을 때

내 탓으로 지게 되면 어떡하지…

나쁜 결과를 상상하게 될 때

불안이나, 불안에서 오는 긴장 때문에 스트레스가 쌓이는 경우가 자주 있어. 그런 불안한 상태가 계속되면 마음뿐만 아니라 몸에도 부담이 될 수 있어.

# 불안해졌을 때는 이렇게 해보자!

## 복식호흡을 하자!

불안하거나 긴장될 때는 호흡이 얕아질 수 있어. 이럴 땐 배를 사용하는 '복식호흡'을 통해 마음을 차분히 가라앉혀 보자.

### 복식 호흡하는 방법

**1** 배에 손을 얹고, 마음속으로 '하나, 둘'을 세면서 천천히 코로 숨을 들이쉰다.

**2** '셋, 넷, 다섯, 여섯'을 세면서 천천히 입으로 숨을 내쉰다.

배가 부풀면 성공!

이번에는 배가 들어가게 돼.

## 반복해서 연습하자!

어려운 일이나 잘하지 못하는 일에 도전하려고 할 때 불안해진다면, 여러 번 연습해보자. "이렇게까지 연습했으니까 괜찮아!"라고 생각할 수 있게 되면, 자신감도 생기고 불안한 마음도 사라질 거야.

자, 곰돌아, 나랑 같이 춤추자!

친구나 가족에게 연습을 같이 해 달라고 부탁해도 좋아!

## 불안한 마음을 이야기해 보자!

"혹시 친구가 나를 피하는 걸까?", "왕따당하는 것 같아…"처럼 친구 관계에서 불안해질 때는, 그걸 혼자서 계속 상상하고 있으면 오히려 불안감이 더 커질 수 있어. 그럴 땐 다른 친구나 가족에게 솔직한 마음을 털어놓아 보자.

# 질투가 났을 때

'질투'란, 다른 사람이 부럽게 느껴지거나 시기심이 생길 때의 감정을 말해. 질투를 느끼는 순간은 예를 들면 다음과 같은 경우가 있어.

나보다 뛰어난 사람을 마주했을 때

예나가 만든 쿠키, 너무 귀엽다!

머리핀 예쁘지? 엄마가 사준 거야!

부럽다…

우리 둘은 한 세트야!

내게 없는 걸 다른 사람이 가지고 있을 때

친하다고 생각한 친구가 다른 친구와 더 친할 때

질투하는 마음이 싫어서 나 자신까지 싫어지게 된다면 너무 슬픈 일이야. 그러니 질투와 잘 지내는 방법을 함께 생각해 보자!

## 질투가 날 땐 이렇게 해보자!

### 내 좋은 점을 적어 보자!

질투의 바탕에는 '부럽다'는 마음이 있어. 그럴 때는 내 장점을 다시 떠올릴 수 있다면 그 부러운 마음도 조금씩 누그러질 거야. 노트에 나의 좋은 점이나 좋아하는 점을 하나씩 적어 보자. 질투심으로 마음이 가득 찼을 때는 그 노트를 다시 꺼내서 읽어보는 거야. "나는 ○○처럼은 아니지만, 나만의 멋진 점이 이렇게 많아!"라고 생각하면, 나 자신을 더 좋아하게 되고 마음도 훨씬 가벼워질 수 있을 거야.

좋은 점을 찾았어!

이렇게나 많이

얘나는 항상 웃고 있어...

### 다른 사람의 좋은 점을 따라 해 보자!

질투심이 들었던 사람의 '좋다', '대단하다'고 느꼈던 점을 따라 해보자.

### 내 좋은 점을 더 키워 보자!

누군가가 부럽다고 느낄 때가 있어도, 나 자신의 힘으로는 똑같이 할 수 없거나 따라 할 수 없는 일도 있어. 그럴 땐, 남을 따라가기보다 내가 가진 좋은 점을 더 키워보자 (자신의 좋은 점에 대해서는 24~25쪽을 참고해 보자). "○○도 대단하지만, 나도 정말 멋져!"라고 생각할 수 있게 된다면 질투심도 자연스럽게 사라질 거야. 그게 바로 질투를 줄이는 비결이야.

자신을 인정해 주는 게 중요한 거였구나!

# 기분이 가라앉을 때

도저히 힘이 나지 않거나, 기분이 좀처럼 올라오지 않을 때가 있지. 그럴 땐 여러 가지 이유가 있을 수 있어.

**환경의 변화** — 새로운 학급

**생리 전 / 생리 중** — 왠지 나른해~

**몸 상태가 좋지 않다**

**충격적인 일이 있었어** — 내가 좋아하는 만화, 이번 달로 연재 종료!?

마음과 몸은 밀접하게 연결되어 있어서, 작은 몸의 변화가 마음에 큰 영향을 줄 수 있어.

## 기분이 가라앉을 땐 이렇게 해보자!

### 신나는 음악을 듣자!

신나는 업템포 음악을 들어보자. 자연스럽게 기분이 좋아질 거야. 음악에 맞춰 춤을 추거나 노래를 부르는 것도 좋아!

예이! 신나기 시작했어 ~!!

### 느긋하게 쉬자!

침대에 누워 뒹굴거리거나, 집 근처를 천천히 산책하거나, 공원 벤치에 앉아 햇볕을 쬐거나, 아무것도 하지 않고 멍하니 있는 등, 느긋하게 시간을 보내보자. 가끔은 아무 생각도 하지 않고 아무것도 하지 않는 시간이 꼭 필요해. 너의 마음에게도 충분한 휴식을 선물해 줘.

### 하고 싶은 일의 계획을 세우자!

마음을 설레게 하고 싶다면, 즐거운 일을 떠올리는 게 가장 좋아. 해보고 싶은 일이나 가보고 싶은 곳이 있다면 직접 계획을 세워보자. 친구와 놀 날을 정해도 좋아. 즐거운 일정이 기다리고 있다고 생각하면 분명 기분도 한층 업될 거야!

어른이 되면 해외여행을 갈 거야! 같은 아주 먼 미래의 일이라도 괜찮아!

## 밝고 긍정적인 나 되기!!
# 마음을 스스로 다스려보자!

마음이 가라앉고 부정적인 감정이 들었을 땐, 어떻게 하면 좋을까?
기분을 끌어올릴 수 있는 방법을 소개할 테니까, 참고해봐!

## 5개의 열쇠로 마음을 편하게!

슬픈 일이나 짜증 나는 일이 있으면 아무것도 하고 싶지 않아지고, 마음의 문을 닫고 스스로를 가둬버릴 때가 있지 않아? 그럴 때는 다음의 다섯 개 열쇠로 너의 마음 문을 열어보자. 분명 마음이 한결 가벼워질 거야.

### 1. 혼자서 시간을 보내자!

기분이 가라앉을 때 "아무하고도 말하고 싶지 않아!"라고 느껴질 때가 누구에게나 있어. 그럴 땐 억지로 누군가와 함께 있으려고 하지 않아도 괜찮아. **혼자 있는 시간은 마음을 쉬게 해 줄 수 있는 좋은 기회야. 나만의 시간을 잘 보내며, 편안히 쉬어 보자.**

### 예를 들어, 이렇게 해보자

**학교에서**
- ♥ 자기 자리에서 책 읽기
- ♥ 좋아하는 장소에서 쉬기
- ♥ 학교 안을 산책하기

**집에서**
- ♥ 자기
- ♥ 스트레칭하기
- ♥ 아무 생각 없이 멍하니 있기
- ♥ 재미있는 영상이나 TV 보기

예나의 경우: 햇살 드는 벤치에 앉아 있으면 마음이 편안해져!

## ② 좋아하는 일을 하자!

좋아하는 일을 하고 있으면 즐거운 기분이 들지? 두근거리는 마음은 어떤 일이든 긍정적으로 생각할 수 있도록 도와줘. 좋아하는 것에 푹 빠져 있을 때는 마이너스 감정도 어느새 어디론가 훌쩍 사라져버릴 거야.

### 예를 들어, 이렇게 해보자

- ♥ 음악 듣기
- ♥ 영화 보기
- ♥ 그림 그리기
- ♥ 운동하기
- ♥ 책이나 잡지, 만화 읽기
- ♥ 게임하기
- ♥ 혼자 패션쇼 놀이하기
- ♥ 반려동물과 놀기

**수현의 경우**

내가 그의 이름을 불러 주었을 때

그는 나에게로 와서 꽃이 되었다.

나는 시를 쓰는 시간이 참 좋아…

## ③ 누군가와 대화하자!

마이너스 감정을 안고 있는 게 괴로울 땐 누군가에게 이야기하면 마음이 훨씬 가벼워질 수 있어(자세한 내용은 58쪽을 참고해 줘). 또 별 의미 없는 이야기로 한바탕 웃는 것도 좋아. 가족이나 친구와 나누는 평범한 대화가 네 마음을 가볍게 해주는 힘이 되기도 해. 실컷 웃고 나면 마음도 다시 힘을 얻고, 슬픈 일이나 짜증 나는 일도 "뭐, 괜찮아!" 하고 넘길 수 있을지 몰라.

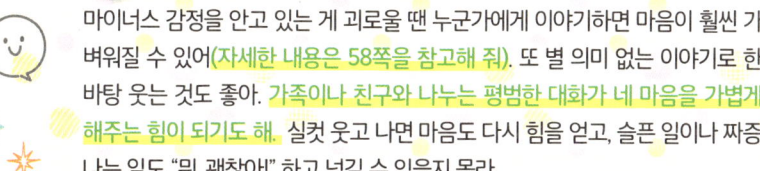

어제 길에서 바나나 껍질을 밟았는데, 아이스스케이트 탄 것처럼 3미터는 미끄러졌지 뭐야~

**지아의 경우**

실패한 일도 웃긴 이야기로 만들어서 이야기 거리로 써먹어!

# 규칙적인 생활을 하자!

평소 생활 습관을 돌아보자. 밤늦게까지 깨어 있어서 항상 잠이 부족하지는 않니? 잠이 부족하면 머리도 몸도 피곤해지고, 기분도 더 가라앉게 돼. 부정적인 생각이 머릿속을 가득 채워서 잠이 안 올 때는, 낮에 몸을 충분히 움직여 보자. **적당히 몸이 피곤해지면 푹 잘 수 있고, 기분도 상쾌해질 거야. (103쪽도 꼭 읽어봐).**

곤히 ~

## 생활 습관 체크리스트

평소 너의 생활을 돌아보면서, 해당되는 항목에  표시를 해 보자.

☐ 밤 10시 이후에 자는 날이 일주일에 3일 이상이다.

☐ 이불에 들어가도 좀처럼 잠들지 못한다.

☐ 아침에 자주 늦잠을 잔다.

☐ 아침밥을 먹을 시간이 없는 날이 일주일에 3일 이상이다.

☐ 학교 수업 중에 졸려서 집중하지 못할 때가 있다.

✓표시된 항목이 많을수록 위험해!
✓'0'을 목표로 해보자!

## 식습관을 되돌아보자!

식사는 몸을 움직이는 에너지원이야. 세 끼를 제대로 먹지 않으면 영양이 부족해져. 영양이 부족하면 기분이 가라앉을 뿐 아니라, 몸 상태가 나빠지거나 피부가 거칠어지고, 집중력이 떨어지는 등 여러 가지 문제가 생길 수 있어. 균형 잡힌 식사를 세 끼 챙겨 먹고, 마음도 몸도 건강하게 지키자!

### 한번 해보자!
### 간단한 수제 간식

### 달콤하고 맛있는 마시멜로 초코 무스

균형 잡힌 식사도 물론 중요하지만… 가끔은 간식으로 기분 전환해도 괜찮아!

**재료(3인 기준)** ❖판 초콜릿…1개 ❖마시멜로…100g ❖우유…200cc

**1** 초콜릿 바를 부순다.

**2** 냄비에 우유를 넣고 데운다. 따뜻해지면 마시멜로를 넣고 녹인다.

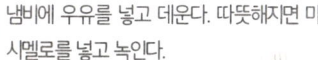

화상에 주의!

**3** ❷에 초콜릿을 넣고 함께 녹인다.

화상에 주의!

**4** 용기에 부어 냉장고에서 2시간 이상 차게 굳힌다.

짜잔, 완성!

생크림이나 코코아 파우더를 토핑하면 더 맛있어!

※불을 사용할 때는 어른과 함께하거나, 어른이 지켜보는 상태에서 해보자.

좋아하는 걸 잔뜩 모아서 행복해지자♪

# 내가 좋아하는 것들을 모아보자!

좋아하는 걸 보고 있거나 손으로 만지고 있을 때는 기분이 절로 좋아지지?
좋아하는 것들을 모아서 마음속 마이너스 감정을 훅 날려버리자.

## 내가 좋아하는 것을 마음을 진정시키는 아이템으로!

슬플 때나 마음이 가라앉았을 때, 혹은 짜증이 날 때도 좋아하는 걸 보면 마음이 조금 누그러지는 경험 있지? 그런 '좋아하는 것'을 마음을 다독이는 마법 아이템으로 삼아보자. 좋아하는 물건을 항상 눈에 띄는 곳에 두면 좋아. 부적처럼 늘 가지고 다녀도 괜찮아. 슬픔이나 화 같은 마이너스 감정으로 마음이 가득 차버렸을 때는, 그 좋아하는 것을 보고 만지며 스스로를 진정시키는 습관을 들여보자.

짜증이 나 있을 때도…

좋아하는 걸 보면

기분이 좋아져!

나는 향이 나는 지우개를 항상 필통에 넣어 다녀! 좋아하는 향기를 맡으면 마음이 편안해지거든♪

봉제인형처럼 학교에 가져가면 안 되는 물건은 집에서만 사용하도록 하자.

제 2 장

내 감정을 잘 돌보면 하루가 반짝 ♪

# 내가 좋아하는 것만 모은 노트를 써보자!

좋아하는 것들만 잔뜩 모은 '좋아하는 것 노트'를 만들어보자. 마음이 가라앉을 때 다시 들여다보면 기분이 분명 밝아질 거야!

### 반려동물 사진

귀여운 반려동물 사진을 붙여두면 언제 어디서든 마음이 따뜻해지고 힐링이 되지!

### 갖고 싶은 물건의 사진

잡지에서 오린 사진 같은 걸 붙여도 좋아. 멋진 아이템을 보고 있으면 마음이 들뜨고 기분이 좋아지잖아!

### 그림이나 스티커

직접 좋아하는 그림을 그리거나 스티커를 붙여도 괜찮아! 너의 기분을 끌어올려주는 것이라면 뭐든지 가득 담아보자.

### 닮고 싶은 사람의 사진

모델이나 배우, 아이돌처럼 동경하는 사람의 사진을 붙이면 의욕이 쑥쑥 올라가!

### 친구에게 온 편지

친구에게 받은 기분 좋은 메시지나 즐거운 기분이 드는 편지를 스크랩해두는 것도 좋아.

## 좋아하는 걸 잔뜩 모아서 행복해지자♪
# 일기를 한번 써보자!

여름방학 숙제나 학교 수업 시간에 일기를 써본 적 있지?
일기는 자신의 마음을 알아가는 데 정말 도움이 되는 소중한 도구야.

## 일기는 자신을 위한 기록

일기는 자신에게 일어난 일이나 그때 느꼈던 감정을 기록하는 거야. 나중에 다시 읽어 보면, 그때 내가 어떤 생각을 했는지도 알 수 있어.

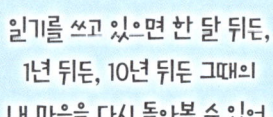

일기를 쓰고 있으면 한 달 뒤든, 1년 뒤든, 10년 뒤든 그때의 내 마음을 다시 돌아볼 수 있어.

### 솔직한 마음을 써 보자!

일기는 다른 사람에게 보여주기 위한 것이 아니라 오직 나만을 위한 거야. 그러니까 좋은 일이든 나쁜 일이든 솔직한 마음을 써보는 게 중요해. 문장이 조금 틀렸더라도 신경 쓰지 말고, 지금 느끼는 그대로의 감정을 적는 게 가장 소중해.

# 일기 쓰는 방법

○월 ×일   날씨 ☀

오늘은 학교가 끝난 뒤에

모두 함께 놀았다.

예나가 내가 미술 시간에

그린 그림을 칭찬해줘서 정말 기뻤다!

집에 돌아오니 엄마가 지난번 시험 일로

화를 내셔서 나도 모르게 "귀찮아"라고

말해버렸다. 짜증이 나긴 했지만,

그래도 제대로 사과해야겠다는 생각이 든다.

> 오늘 있었던 일을 써 보자.

> 그때 내가 어떻게 느꼈는지, 솔직한 마음을 써 보자.

오늘의 기분

> 오늘 기분을 그림이나 이모티콘으로 표현해 봐도 좋아.

> 기분이 좋았던 순간도, 속상했던 순간도 천천히 들여다보면서 솔직한 마음을 그대로 써봤어.

제 2 장

내 감정을 잘 돌보면 하루가 반짝♪

# 일기를 쓰면 이렇게 좋은 점이 있어!

일기는 그날그날의 기록뿐만 아니라, 자신의 감정과
마주할 수 있는 효과도 있어. 그 밖에도 좋은 점이 아주 많아!

## 1 자신의 감정과 마주할 수 있다

일기는 그날 있었던 일이나 자신의 감정을 되돌아보며 쓰는 거야. 쓰는 과정을 통해 마음속에 숨어 있던 감정을 알아차리기도 하고, 감정을 정리할 수 있기도 해.

## 2 자신의 감정의 변화를 알 수 있다

어떤 때에 자신이 긍정적인 감정이 드는지, 반대로 부정적인 감정이 드는지를 일기를 써두면 나중에 되돌아보며 분석할 수 있어.

어떤 게 싫었는지, 왜 슬펐는지를
차분히 생각해보는 데에도
일기는 도움이 돼.

# 이런 식으로 일기를 활용해 보자!

## ➕ 긍정적인 감정

즐거웠던 일이나 기뻤던 일을 떠올리면 자신감도 생기고, 의욕도 높아져서 더 긍정적인 마음이 될 수 있어.

칭찬받아서 기뻤던 날의 일기를 다시 읽어보니까, 또다시 공부를 열심히 해보고 싶다는 생각이 들었어!

## ➖ 부정적인 감정

실패했거나 분했던 일을 떠올려 보면, 다음에 더 잘할 수 있는 힘이 생겨!

차갑게 말해서 친구랑 다툴 뻔했던 일을 일기에 쓰고 반성했더니, 다음엔 더 다정하게 말할 수 있었어!

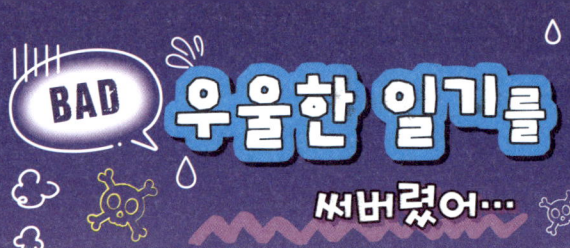

# GOOD 어두운 내용의 일기여도 괜찮아!

부정적인 감정도 솔직하게 쓰면 내 마음을 돌아볼 수 있어.
지금은 어렵더라도 나중에 다시 보면 반성할 수 있는 기회가 돼.

제2장 내 감정을 잘 돌보면 하루가 반짝♪

 반성...

엄마가 한 말이 맞았어.
내일은 좀 더 제대로
이야기를 들어봐야겠다.

 후련해!!

쓰다 보니까 왠지
모르게 짜증이 가라앉고
마음이 후련해졌어!

일기를 활용해 감정을 잘 조절할 수 있게 되면, 주변 사람이나 자신을 상처 입히는 일도 줄어들게 돼.

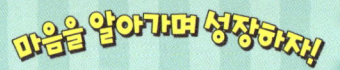

# 이런 마음이 나를 성장하게 만들어!

내 안에 있는 여러 감정을 잘 다룰 수 있으면 마음이 더 단단해지고, 나도 성장할 수 있어.

## 부정적인 감정은 성장할 수 있는 기회야!

분한 마음이 들면 다음엔 더 열심히 해야겠다는 생각이 들고, 질투심도 나를 바꾸는 힘이 될 수 있어. 어떻게 생각하느냐에 따라, 나를 크게 성장시킬 수 있는 거야!

모든 걸 완벽하게 해내는 그 아이가 부러워…

그 아이의 좋은 점을 따라 해봤더니, 왠지 내가 조금 더 성장한 것 같아!

## 긍정적인 감정은 나를 지탱해 주는 힘이 돼!

칭찬을 받아서 기뻤던 순간이나 도전해서 성공했을 때의 기분을 소중히 간직하자. 실패하거나 넘어졌을 때, 분명 그 기억들이 너를 다시 일으켜 줄 거야.

부정적인 감정에 짓눌릴 것 같을 때는, 마음껏 좋아하는 일을 하면서 기분 전환을 해보자. 밝고 긍정적으로 생각하려고 노력해보는 거야.

# 제 3 장
# 너와 나, 우리 모두를 소중히 여겨요!

항상 함께 있는 친구나 가족이라도, 나와는 다른 생각을 가지고 있어. 상대의 마음을 헤아리면서, 더 멋진 사람이 되어 보자!

# 있어?

> 이 그림 너무 귀여워~

> 지아의 머리핀이 참 귀엽다~

> 오늘 날씨 참 좋다~

> 다들 정말 여러 가지 생각을 하고 있구나…

> 수업에 집중해!

다르니까 더 재미있어!
# 서로의 다름을 인정하자!

서로 다른 건 절대 나쁜 게 아니야. 다른 점이 있기 때문에
오히려 많은 일이 더 즐겁게 느껴지는 거야!

## { 세상에는 다양한 사람들이 있어! }

수학을 잘하는 아이도 있고, 체육을 잘하는 아이도 있어. 강아지를 좋아하는 아이, 고양이를 좋아하는 아이, 반대로 고양이를 무서워하는 아이도 있지. 잘하는 것도, 좋아하는 것도 서로 다른 건 당연한 거야. 네가 좋아하는 걸 다른 친구가 별로라고 해도, 그건 이상한 일이 아니야. 서로 다르기 때문에 다양한 의견과 생각, 그리고 다른 가치관을 알 수 있어. 다름을 아는 것, 그게 친구를 알아가는 첫걸음이야!

**가치관 이란?** 여러 가지 일에 대해 무엇을 중요하게 생각해 결정하는지, 무엇이 좋고 나쁘다고 여기는지를 말하는 생각 방식이야.

다음은 시험이니까 복습해야지!

쉬는 시간 같은 거 필요 없으니까 빨리 학교 끝났으면 좋겠어…

다음은 시험이지만 쉬는 시간엔 피구하기로 했으니까 서둘러야 해!

쉬는 시간이 있어서 다행이야…

빨리 집에 가서 책 읽고 싶다…

계속 쉬는 시간이면 좋을 텐데…

## 다른 점을 부정하지 말자!

상대가 나와 다른 의견을 가지고 있더라도, 무조건 부정하려 들지는 말자. 똑같은 것을 보더라도 느끼는 방식은 사람마다 다르니까. <mark>먼저는 상대의 말에 귀를 기울여 보자.</mark>

**한마디 조언**
상대의 생각을 받아들이는 것이 서로의 다름을 인정하는 첫걸음이야!

---

## 자기 생각만 강요하지 말자!

내가 좋아하는 것을 다른 사람도 꼭 좋아하는 건 아니야. 좋아하는 것과 싫어하는 것은 사람마다 다르거든. 네가 정말 좋아하는 것이 누군가에게는 정말 싫은 것일 수도 있어. <mark>물론 억지로 상대에게 맞출 필요는 없어.</mark>

**한마디 조언**
자기 생각이 세상의 기준인 듯 남을 대하지 말자.

## 서로 다른 의견도 즐겨보자!

> 그런 생각도 있구나… 멋지다!

나와 다른 의견이나 가치관은 너의 인생에서 시야를 넓혀 줄 거야. 또 생각이 바뀌기도 하고, 그 변화에서 다양한 아이디어가 떠오를 수도 있어.

**한마디 조언**
태어난 곳이나 자라온 환경의 차이도 서로 인정하자.

## 내가 남들과 다르다고 부정당하면…

> 하지만 나는 ○○을 정말 좋아해!

가치관을 이해해주는 사람이 있는가 하면, 그렇지 않은 사람도 당연히 있어. 그래도 너무 신경 쓰지 마! "그럴 수도 있지", "이 사람은 이런 사람이구나"라고 생각해봐. 남이 어떻게 생각하든, 네가 좋아하는 것, 옳다고 믿는 마음은 소중하니까.

## 가족과 친구의 말을 들어보자!

항상 함께 지내는 가족이나 친구가 어떤 생각을 하고 어떤 마음을 갖고 있는지 물어보자! 너와 어떻게 다른지, 가족과 친구는 어떻게 다른지 비교해 보면 재미있을 거야.

### ♥ 질문 예시 ♥

**Q.1 좋아하는 영화는 뭐야?**

이유까지 들어보면 더 확실하게 차이를 알 수 있을지도 몰라!

- 가족 _____ 👉 이유 _____
- 친구 _____ 👉 이유 _____

**Q.2 재미있게 읽은 책이 뭐야?**

- 가족 _____ 👉 이유 _____
- 친구 _____ 👉 이유 _____

**Q.3 가장 소중한 건 뭐야?**

- 가족 _____ 👉 이유 _____
- 친구 _____ 👉 이유 _____

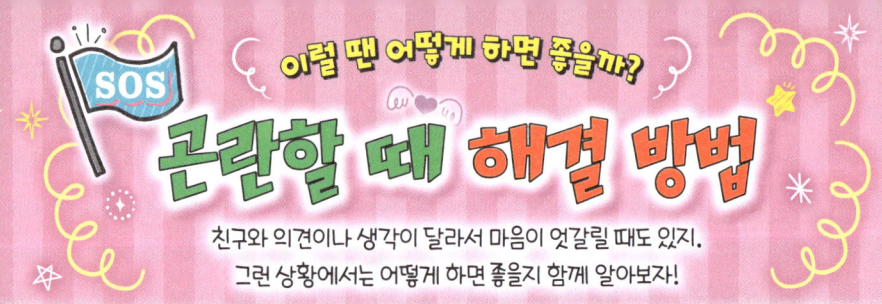

## 이럴 땐 어떻게 하면 좋을까?
# 곤란할 때 해결 방법

친구와 의견이나 생각이 달라서 마음이 엇갈릴 때도 있지.
그런 상황에서는 어떻게 하면 좋을지 함께 알아보자!

## { 마음이 엇갈리는 건 어쩔 수 없는 일이야! }

오랜 시간을 함께 보내다 보면 공감할 수 있는 부분도 많아지지만, 그만큼 서로의 감각 차이를 느껴서 상대를 배려하지 못하게 되는 순간도 생길 수 있어. 그건 단순히 생각이나 가치관이 다르기 때문만이 아니라, 그때의 너나 상대의 기분이나 감정이 달랐기 때문일지도 몰라. 한 번의 오해나 엇갈림만으로 '우린 잘 안 맞는 것 같아…', '나를 싫어하는 걸지도 몰라…'라고 단정 짓지 않도록 하자.

> 네가 친구와 마음이 엇갈리고 있다고 느끼는 건, 그만큼 상대에게 다가가려고 하고 있다는 증거야! 여러 가지 예와 해결 방법을 함께 살펴보자.

# 오해가 생겼을 땐 이렇게 풀어 보자!

제3장

너와 나, 우리 모두를 소중히 여겨요!

### 상담 1

우리 셋은 원래 친한 친구였는데, 요즘 들어 나만 빼고 둘이서만 놀거나, 내가 모르는 이야기로만 신나게 떠들고 있어.

#### 조언

셋이 함께 있는 것이 전부는 아니라는 걸 기억하자. 두 친구에게만 얽매이지 말고, 시야를 넓게 가지고 자유롭게 살아봐. 가끔은 다른 친구들과 보내는 시간도 즐겨보는 거야. 그거 참 괜찮은 일이야.

---

### 상담 2

새 학용품을 산 친구가 "귀엽지~?"라고 물어서, 나는 솔직하게 "글쎄… 난 별로 안 귀여운 것 같은데"라고 대답했더니, 친구는 내가 자기한테 나쁜 말을 했다고 생각해서 싸움이 되고 말았어.

안 예뻐.

욕을 들었어.

#### 조언

너에게는 평범한 말이라고 생각해도, 듣는 사람에게는 상처가 될 수 있다는 걸 기억하자. 내가 그런 말을 들으면 싫을 것 같다고 느껴진다면, 그런 말은 하지 말자. 꼭 말해야 하는 상황이라 해도, 상대에게 상처를 줄 수 있는 말은 조심해서 하자.

귀엽지? 귀엽다!

# 좋아하는 마음은 어떤 것일까?

속상하거나 슬플 때 힘을 주는 게 바로 '좋아하는 것'이야. 내가 좋아하는 걸 더 많이 알아가면서 즐거운 시간을 더 많이 만들어 보자!

## 좋아하는 마음

네가 소중하게 여기고 싶은 사람이나 물건, 시간들은 분명 너를 행복하게 해 주는 것들이야. 어떤 좋아하는지 한 번 생각해 보자!

좋아하는 것…

좋아하는 사람…

좋아하는 시간…

좋아하는 동물…

# 좋아하는 마음이 주는 좋은 점

## 1. 웃을 수 있게 된다

좋아하는 일을 떠올리거나 좋아하는 사람과 함께 있으면 절로 웃게 되지. 웃는다는 건 살아가는 데 있어 정말 중요한 일이야. 네가 웃고 있으면 주변 사람들도 함께 행복해질 수 있어.

귀엽다~

## 2. 사이가 더 가까워진다

좋아하는 사람과 함께 보내는 시간은 정말 소중한 시간이야. 앞으로도 그 사람의 좋은 점에 계속해서 눈을 돌려보자. 그리고 아무리 가까운 사이라도 예의와 고마운 마음을 잊지 않고 지내면, 지금보다 더 친해질 수 있을 거야!

고마워!

천만에!

# 좋아하는 마음의 종류를 살펴보자!

'좋아해'라는 감정도, 누구를 좋아하느냐에 따라 느낌이 조금씩 달라.
내가 누구를 어떻게 좋아하는지 글로 써 보고, 그 마음을 비교해 보자!

## ❤ 1 가족을 좋아하는 마음

가족과 함께 있으면 마음이 편해지고, 안심이 되지? 그건, 네가 진심으로 가족을 '좋아하기' 때문이야. 또, 아무런 보답을 바라지 않고, 또 누군가의 기대에 얽매이지도 않으면서 무언가 해주고 싶다는 마음이 드는 것도, 바로 가족을 향한 '좋아하는 마음'이야.

### 가족의 좋은 점!

- ❤ _____
- 💚 _____
- ❤ _____
- 💚 _____
- ❤ _____
- 💚 _____

## ② 친구를 좋아하는 마음

함께 있을 때 편안하고, 믿을 수 있는 사람이 바로 친구를 향한 '좋아하는 마음'이야. 신경 쓰지 않고 이것저것 마음껏 이야기할 수 있는 사람은, 너에게 정말 소중한 존재야. 서로를 믿고 신뢰할 수 있을 때, 너도 있는 그대로의 자신으로 있을 수 있어.

### 친구의 좋은 점!

- ♥ _____
- ♥ _____
- ♥ _____
- ♥ _____
- ♥ _____
- ♥ _____

"K&P의 준 군, 정말 멋지지!"

"완전 공감해 진짜 멋져!"

## ③ 이성을 좋아하는 마음

성격이나 외모 등에서 끌림을 느끼고, '이 사람이랑 더 이야기하고 싶어', '가까이 있고 싶어'라고 느끼는 마음이 바로 사랑의 '좋아함'이야. 사랑의 '좋아함'에는 종종 이런 감정들도 함께 따라와. 그 사람의 관심을 끌고 싶고, 나만을 바라봐 줬으면 하고, 그 사람 옆에 있는 다른 사람이 부럽게 느껴지기도 해.

### ☆ 좋아하는 사람의 좋은 점!

♥ _____
♥ _____
♥ _____
♥ _____
♥ _____
♥ _____

## 남자와 여자는 좋아하는 마음이 다를까?

사람을 좋아할 때, 남자아이와 여자아이가 보이는 태도가 조금 다를 수 있어.
어떤 점이 다를까? 같이 살펴보자!

물론, 사람마다 다르니까 모두에게 꼭 맞는 건 아니야!

제3장 — 너와 나, 우리 모두를 소중히 여겨요!

### 누군가를 좋아하게 되면…

**여자**
- ♥ 좋아하는 사람 앞에서는 조용해지고 만다.
- ♥ 예쁘게 보이고 싶어서 옷이나 머리에 신경 쓴다.

**남자**
- ♥ 좋아하는 사람과 더 가까워지고 싶어서 일부러 장난을 건다.
- ♥ 좋아하는 사람이 자신을 믿어 줬으면 해서 멋있는 척한다.

눈만 마주쳐도 두근두근해!

오늘 옷 좀 이상해 보이지 않아?

어떻게 말을 꺼낼지 고민 중이야

얘기하는 건 싫어! 그 애가 다른 남자 애들이랑

## ④ 멋지다고 생각하고 좋아하는 마음

자신에게 없는 능력이나, '나도 저렇게 되고 싶다'고 느끼게 만드는 매력에 마음이 끌리는 감정이 바로 '멋지다고 생각하고 좋아하는 마음'이야. 성별이나 나이와는 상관없이, 닮고 싶은 사람에게 느끼는 마음이지. 아이돌이나 운동선수, 선배에게 이런 감정을 품는 경우가 많아.

### 닮고 싶은 사람의 좋은 점!

♥ _____
♥ _____
♥ _____
♥ _____
♥ _____
♥ _____

## 좋아하는 방식에도 여러 가지가 있어!

사람마다 좋아하는 방식도, 좋아하는 마음을 표현하는 모습도 모두 다를 수 있어.

### 좋아하는 마음은 자유야!

네가 누구를 좋아하게 되든, 그건 너의 자유야. 그 사람이 외국인이어도, 애니메이션 속 캐릭터여도, 동경하는 가수여도 괜찮아. 물론 그게 이성일 수도 있고, 동성일 수도 있어. 전혀 이상한 일이 아니야. 누군가를 좋아하게 된다는 건 정말 멋진 일이니까, "내가 좀 이상한 걸까…?" 하고 걱정하지 말고, 그 마음을 소중히 간직하자.

### 그것도 좋아하는 거야!

사귀고 싶다거나, 함께 있고 싶다고 느끼는 것만이 '좋아함'은 아니야. 상대를 생각해서 내 행동을 다시 돌아보거나, 그 사람의 좋지 않은 점을 조심스럽게 말해주는 것 역시 '좋아하는 마음'의 한 가지 모습이야.

# 싫다는 마음은 어떤 것일까?

너는 '싫어'라고 느끼는 게 있을까?
'좋아'의 반대인 '싫어'라는 감정에 대해서도 함께 알아보자.

## 싫다는 건 어떤 마음일까?

사람이나 어떤 일에 대해 '싫다', '좀 어렵다'고 느끼는 마음을 말해.

나는 벌레가 정말 싫어…… 다가오기라도 하면 비명 지르면서 도망가버려.

이렇게 무엇을 싫어하는지는 사람마다 다르고, 정말 다양해.

이처럼 무엇을 싫어하는지는 사람마다 다르고, 각자 다양한 게 있어.

나는 남 욕만 하는 사람이 싫어. 같이 있어도 전혀 재미가 없거든.

## 싫다는 마음은 누구나 가지고 있는 감정이야!

가까운 사람 중에, 별로 좋아하지 않거나 좀 어려운 사람은 있나요?

아니오 10%
예! 90%

사람들과 어울리다 보면 '이 사람은 좀 어려워'라고 느껴지는 사람이 있기 마련이야. '누군가를 싫어하면 안 되는 거야…'라며 스스로를 탓하지 않아도 괜찮아.

※ 초등학교 2학년부터 중학교 1학년까지 학생 100명에게 물어봤어.

# BAD 이런 사람은 싫어!

제3장

너와 나, 우리 모두를 소중히 여겨요!

너, 싫어하는 사람이 꽤 많은 모양이네?
'싫다'는 감정은 짜증까지 불러일으킨다구. 완전 엎친 데 덮친 격이지!

귀여운 척하는 아이!

킥킥 / 수빈이는 완전 아줌마 같아~ 웃겨~

못되게 굴어!

또 100점이야~

집요해!

잘난~ / 있잖아~

뭐야, 싸우자는 거야?

○○은 진짜 짜증 나!

맨날 자랑하고 다녀!

거칠어!

맨날 남 흉만 봐!

괜찮아! 다음 페이지를 봐줘.

# 싫어하는 감정이나 불편한 감정과도 잘 어울려 보자!

'싫어'라는 감정으로 마음이 가득 차 버렸다면,
생각과 행동을 조금 바꿔보자.

## 왜 싫은지 한 번 생각해 보자!

누군가를 "싫다"라고 느끼는 데는 반드시 이유가 있어. 상대가 뭔가 나쁜 일을 했거나 불쾌한 행동을 한 게 아니라, 사실은 너 자신 안에 있는 "속상해", "부럽다"는 감정에서 "싫어"라는 마음이 생기는 경우도 있어. 그럴 때, "속상해", "부러워" 같은 감정이 사라지면 "싫어"라는 마음도 자연스럽게 사라지고 그 아이와 친해질 수 있게 될지도 몰라.

○○는 항상 여러 사람이랑 시끄럽게 떠들어서 좀 부담스러워…

왜 내가 그 친구를 힘들다고 느꼈을까…

주변에 항상 사람들이 많고, 즐거워 보이는 모습이 괜히 못마땅해.

여럿이 몰려다니면서 자리 차지하는 것도 싫고…

물론이야!

○○랑 좀 더 이야기해 보면, 그 아이를 조금 더 알 수 있을지도 몰라.

사실은, 인기 많은 ○○가 그냥 부러웠던 걸지도 몰라…

## 한 번 생각해 보자!

싫어하는 이유를 곰곰이 생각해 보고, 그게 내 힘으로는 어쩔 수 없는 문제라면, 그 사람에게서 살짝 떨어져 보는 것도 좋아. 조금 거리를 두면 마음도 차분해지고, 짜증 나는 일도 줄어들게 돼. 반 활동이나 동아리 활동처럼 어쩔 수 없이 함께 있어야 할 때는, 다른 친구에게 사이에 있어 달라고 부탁해도 괜찮아. 하지만 상대를 무시하거나 대놓고 피하는 건 절대 안 돼. 상대에게 상처를 주지 않으면서 상대에게 상처를 주지 않으면서 조심스럽게 거리를 두는 게 중요해.

## 상대에게 상처 주는 행동은 절대 안 돼!

아무리 싫은 마음이 들더라도, 상대에게 상처 주는 말을 하거나 따돌리는 건 절대 안 돼. 어떤 이유가 있다 해도, 상대에게 상처를 줘도 된다는 건 잘못된 거야. 싫은 감정이 드는 사람과는 적당히 거리를 두는 것이 너에게도, 그리고 그 친구에게도 가장 좋은 방법이야.

싫어하는 사람의 싫은 모습을 보면서, "나는 어떨까?" 하고 내 말이나 행동을 되돌아보는 것도 좋은 방법이야.

## 무조건 분위기 좋아지는! 모 두 함께하는 우정 게임!

친구와 더 친해질 수 있는 게임을 소개할게!
같이 놀면서 신나게 즐겨보자!

### 1. 언제, 어디서, 누가, 무엇을 했을까? 게임

**준비할 것들** ❖종이 ❖연필 ❖속이 안 보이는 상자(있으면)

**1** 작은 종이에 '언제', '어디서', '누가', '무엇을 했다'를 각각 따로따로 써 주세요.

예

> 「언제」… 어제, 오늘, 내일, 조선시대에, 2222년에
> 「어디서」… 집에서, 학교에서, 화장실에서, 한라산 꼭대기에서
> 「누가」… 내가, 세종대왕이, 토끼가, 우리 엄마가, 방탄소년단이
> 「무엇을 하다」… 춤을 췄다, 떡볶이를 먹었다, 물구나무를 섰다 등

**2** '언제', '어디서' 등 각각의 주제별로 나눠서, 안이 보이지 않도록 상자에 넣거나 종이를 접어서 가려 주세요.

**3** 각 주제별로 종이를 한 장씩 뽑아서, 문장을 만들어 보세요.

어떤 재미있는 문장이 나올까?

2222년에  학교에서  토끼가  떡볶이를 먹었다

## 2 힘을 합쳐 그리는 얼굴 그림 게임

**준비할 것들**
❖ 종이  ❖ 연필

**1** 얼굴 그림을 그릴 대상을 한 명 정한다.

**2** 그 사람을 제외한 나머지 친구들이, 1분 안에 한 장의 종이에 얼굴 그림을 완성해요. 단, 한 사람이 그릴 수 있는 얼굴의 부분은 하나뿐! 한 부분을 그렸다면, 옆 사람에게 종이를 넘겨 주세요. 과연 1분 안에 초상화를 완성할 수 있을까요?

## 3 말 없이 전하는 릴레이 게임

**1** 뒤를 향해 한 줄로 서고, 맨 앞 사람만 앞을 본다. 그 사람이 제시어(주제)를 정한다.

**2** 주제를 정했으면, 바로 뒤 사람 한 명만 앞을 보게 하고, 주제를 전달하자. 이때는 말을 쓰지 말고 몸짓(제스처)으로만 표현해 보자!

**3** 순서대로 바로 뒤 사람에게 제시어를 전달하고, 맨 마지막 사람까지 전해지면 마지막 사람은 그것이 무엇이었는지 맞춰서 발표한다.

처음 정한 제시어가 마지막 사람까지 제대로 전달되었을까?

# 친구라도 마음에 안 드는 점은 있어!

아무리 친한 친구라도 '이건 좀 싫은데…'라고 느끼는 부분이 있을 수 있어.
그럴 땐 어떻게 하면 좋을까?

## { 친구들에게 직접 물어봤어! }

친구 때문에 속상했던 적, 다들 한 번쯤은 있었을까?

**Q** 친한 친구에게도 '좀 싫다'거나 '짜증 나'고 느낀 적, 있어?

**A** 있어요! 평소엔 잘 지내는데, 가끔 내 물건이나 말투를 따라 할 때는 좀 불편해요.

**A** 있어요. 밝고 재밌는 친구긴 한데, 내가 공부하거나 도서관에서 책 읽고 있을 때 크게 말 걸면 좀 짜증나요.

다들 의외로 친구에게 '좀 싫은데…'라고 느끼거나, 짜증 날 때가 있구나…!

아무리 친한 친구라도 '이건 좀 싫은데…'라고 느낄 때가 있어. 그건 전혀 이상한 일이 아니야. 누구나 가지고 있는 자연스러운 감정이거든.

# 친구의 이런 행동은 마음에 안 들어!

## 그 자리에 없는 친구 험담을 한다

## 나만 모르는 얘기를 한다

## 가끔 일부러 귀엽게 구는 면이 있다

# 답답함이나 짜증을 그냥 두면…

친구에게 '싫다'고 느낄 때, 꾹 참고 말하지 않는 사람이 많지 않을까?
마음속에 쌓인 답답함이나 짜증을 그대로 두면 어떻게 될까? 한번 살펴보자.

## 스트레스가 쌓인다

너무 참으면 스트레스가 쌓여버려. 스트레스 때문에 잠을 잘 수 없거나, 몸이 아프거나, 기분이 우울해지고 지치기도 해. 스트레스 때문에 더 화가 나서 친구의 싫은 점만 보이게 되고, 그걸로 또 화가 나서 힘든 루프에 빠지게 되는 경우도 있어. (스트레스에 대해 더 자세히 알고 싶으면 54~59페이지를 참고해봐.)

## 속마음을 말하지 못하게 된다

답답함이나 짜증을 항상 꾹꾹 눌러 담기만 하면, 그게 습관처럼 굳어져서 친구에게 진심을 말하지 못하게 될 수도 있어. 정말은 재미없는데도 친구에게 맞춰서 "재밌다"고 말하게 되거나, 친구가 나쁜 행동을 해도 "그만하자!"고 말하지 못하게 되는 거야. 너의 소중한 마음이 눌려 버리는 건, 정말 안타까운 일이야. ('속마음을 말하지 못할 때'에 대해서는 164~167쪽을 참고해 봐!)

## 괜히 마음이 상해서 친구가 싫어지게 된다

작은 답답함이나 짜증도, 계속 쌓이다 보면 큰 부정적인 감정이 될 수 있어. 그러다 보면 친구와 다투는 계기가 되거나, "○○는 정말 싫어!" 같은 강한 감정으로 바뀔 수도 있어.

# 답답하거나 짜증이 날 땐 이렇게 해 보자!

## 내 마음을 전하자!

친구의 싫은 점을 참기 힘들거나, 참는 게 오히려 나를 더 힘들게 할 때는, 용기를 내어 솔직한 마음을 전해 보자. 하지만 "너의 이런 점이 싫어!"처럼 바로 말해버리면, 상대가 상처받을 수 있으니 주의해야 해.(마음을 부드럽게 전하는 방법은 162~163쪽을 참고해 봐!)

답답하거나 짜증 나는 마음을 꼭 말로 전해야 하는 건 아니야. 하지만 나를 지키기 위해서, 그리고 친구와 잘 지내기 위해 꼭 말해야 할 때는, 용기를 내서 전해보는 게 좋아.

## 내 말과 행동을 돌아보자!

친구에게 무슨 말을 들었거나 어떤 행동을 당해서 '싫다'고 느꼈을 때는, 자신을 되돌아볼 수 있는 기회야. 혹시 나도 같은 말을 친구에게 하지 않았는지, 친구를 불편하게 만들 행동이나 말을 하진 않았는지 생각해 보자. 가족에게 주의를 들은 적은 없는지, 혹은 친구에게 "그만해 줘"라고 들은 적은 없는지도 떠올려 봐. 모르는 사이에 상대를 불편하게 했던 적은 누구에게나 있을 수 있어. 너무 자신을 탓하지 말고, 앞으로 조심하면 괜찮아!

### 말을 잘하면 마음도 한결 가벼워져

# 하기 힘든 말일수록 솔직하게 전해 보자!

'싫다'는 마음이 들거나, 짜증이 나거나, 그만해 줬으면 좋겠다고 느꼈던 일이 있다면, 용기를 내서 친구에게 솔직하게 말해 보자.

## 이런 말투는 그만하자!

### 직설적인 말이나 강한 말투로 말한다
자신의 감정을 그대로 말로 옮기면, 상대가 상처를 받거나 화가 나서 다툼으로 이어질 수 있으니 주의하자!

### 상대를 탓하는 말투로 말한다
"너의 이런 점이 싫어", "그런 점은 안 돼"처럼 상대를 탓하거나 부정하는 말은 하지 않도록 하자.

"내가 그런 말을 들으면 어떤 기분일까?" 하고 상대의 입장에서 생각해 보는 게 정말 중요해.

### 상대의 단점만 지적한다
친구에게 "싫었어"라는 말만 하게 되면, 정작 네가 진심으로 느낀 마음은 제대로 전해지지 않을 수 있어.

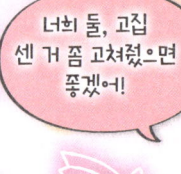
너희 둘, 고집 센 거 좀 고쳐줬으면 좋겠어!

대체 왜…?

## 이렇게 말해 보면 어때?

말하기 어려운 내용을 상대에게 잘 전하는 방법을 함께 알아보자!

### 상대를 배려하는 말투로

마음을 잘 전하려면 어떤 말을 고르느냐가 중요해. 상대가 상처받거나 화나지 않도록, 부드러운 말을 써 보자.

> 두 사람의 마음도 이해돼. 하지만 서로 솔직해지면, 더 친하게 지낼 수 있지 않을까?

**예를 들면, 이런 식으로 말하면 돼.**

♥ 사람 험담하는 게 싫어!
➡ 지아가 그런 말 하는 거, ○○이 들으면 상처받을지도 몰라.

♥ 내가 모르는 얘기를 하는 게 싫어!
➡ 그 얘기 나 잘 몰라서… 나도 알려주면 좋겠어.

♥ 가끔 너무 꾸미는 게 싫어!
➡ 나는 평소의 하율이 모습이 더 좋아.

> 말투 하나로 인상이 완전히 달라지네!

### 이유와 그때 내 마음도 함께 전해 보자!

"이런 말을 들어서 싫었어!"라는 불만을 그대로 말하기보다, "왜 그게 싫었는지"에 대한 이유나 "그때 이렇게 느꼈어 (속상했어, 불쾌했어)" 같은 감정을 함께 전해 보자. 하고 싶은 말을 미리 글로 써 보며 정리해 두는 것도 좋아. 네 마음을 알게 되면, 상대도 분명 '앞으로는 조심해야겠다'고 느낄 거야.

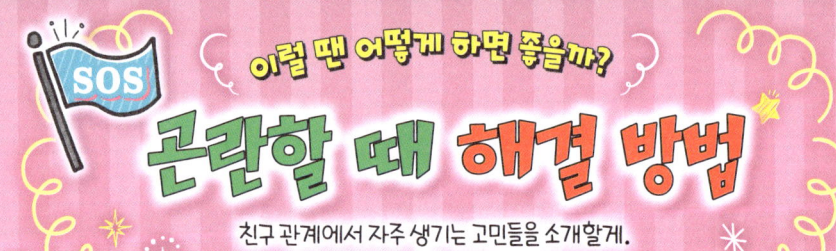

# 곤란할 때 해결 방법

친구 관계에서 자주 생기는 고민들을 소개할게.
여러분의 고민, 함께 해결해 보자!

## { 어떡하지… 속마음을 말하기가 어려워 }

자신의 감정을 그대로 다른 사람에게 전하기 어려울 때가 있지. 왜 그럴까? 아마 그렇게 말하기 어렵게 만드는 어떤 이유가 있을 거야. 어떻게 하면 내 진심을 좀 더 잘 말할 수 있게 될까?

- 다들 웃고 있었지만… 그게 웃을 일이었을까?
- 사실은… 나도 하고 싶다고 말하고 싶었는데…
- 사실은… 오늘 놀러 가는 거 별로 내키지 않아…
- 음… 난 그 의견이랑은 좀 다른데…

# 솔직하게 말 못해서 가슴이 답답해…

## 제3장

너와 나, 우리 모두를 소중히 여겨요!

속마음 같은 건 입 밖에 꺼내는 순간부터 사고의 씨앗이라고! 친구랑 사이 틀어지고 눈에 띌 바엔, 그냥 조용히 있는 게 나아~!

### 상대가 신경 쓰여서, 하고 싶은 말을 못 하겠어…

"이 만화책, 수빈이한테도 빌려줘도 될까?"

"으…응, 괜찮아…"

*아끼는 만화책이라서 빌려주기 좀 그런데… 괜히 쪼잔하다고 생각할지도 몰라.*

### 상대가 바라는 대로 맞춰서 대답해 버려

"음… 그러게… 짜증 나긴 하지~"

"그 선생님, 아침마다 또 쪽지 시험… 진짜 너무하지 않아?"

*어제 복습할 수 있어서 은근히 고맙긴 했는데…*

괜찮아! 다음 페이지를 봐줘.

# 내 진짜 마음을 한 번 생각해 보자!

속마음을 바로 말하지 못해도, 진짜 마음이 사라지는 건 아니야. 마음을 가라앉히고 "나는 정말 뭐라고 말하고 싶었을까?" 하고 스스로에게 물어보자.

## 내 진짜 마음은 뭘까?

### 왜 그 만화책을 빌려주기 싫었을까?

마침 가지고 있어서 하율이한테 보여주긴 했지만… 하율이는 만화책을 소중하게 다뤄줄 거란 걸 아니까 보여준 거야. 다른 애들한테는 솔직히 좀 불안하거든~

### 사실 선생님이 짜증 난다고 생각한 것도 아닌데, 왜 그런 말을 해버렸을까?

지아는 아침에 친구들이랑 수다 떠는 걸 좋아하니까. 그걸 알고 있어서, "자연스럽게 복습이 되니까 난 정말 고마워"라고 말하고 싶었지만… 괜히 분위기 흐릴까 봐 그냥 맞춰 버렸어.

# 마음을 잘 전하는 비결은 뭐가 있을까?

## 요령 1 — 너무 직설적으로 말하지 말고, 조심스럽게 전하자!

상대의 마음을 조금이라도 이해할 수 있는 부분이 있다면, 그 감정을 먼저 받아들이면서 내 마음도 차분히 이야기해 보자.

> 수빈이한테는 빌려주지 마!

**보다는**

> 미안! 그거 나한테 정말 소중한 만화책이라서, 다른 사람한테 다시 빌려주는 건 안 하기로 했어~

> 응, 알겠어!

## 요령 2 — 말을 잘 써 보자!

> 그 말도 맞긴 하지~

강한 말로 바로 반박하기보다는, "그럴 수도 있지, 그런데…"처럼 먼저 공감해 주거나 "맞아! 그런데 이런 건 어때?"처럼 제안하는 말투를 쓰면, 말하기 어려운 내용도 훨씬 부드럽게 전할 수 있어.

> '짜증 나' 같은 말은 잘못된 거야!

**보다는**

> 아침엔 다 같이 수다 떠는 게 좋지! 그래도 나는 복습할 수 있어서 정말 도움이 됐어!

제3장 — 너와 나, 우리 모두를 소중히 여겨요!

# 꼭 다른 사람에게 맞춰야 할까?

나를 제외한 다른 사람들이 모두 같은 의견일 때, 거기서 다른 의견을 말하는 건 용기가 필요해. 아무리 '그건 좀 다른데…'라고 느끼더라도, 분위기를 망치지 않으려면 결국 다들 하는 말에 맞춰야 하는 걸까?

# 다른 사람들한테 맞추려니 힘들어!

제3장

자꾸 남한테만 맞추다 보면, 언젠가는 '진짜 나'를 잃어버리고, 내 마음이 뭔지도 모르게 될지도 몰라~! 크크크!

너와 나, 우리 모두를 소중히 여겨요!

**말을 맞추지 않으면 따돌림당할까 봐 걱정돼…**

- 진짜 재밌지~!
- 뭐랄까… 전개가 너무 뻔하달까…
- 진짜 재미있다고 생각해?
- 느낀 게 그게 다야?

**남 험담에 같이 끼어드는 건 솔직히 힘들어…**

- 또 착한 척하고 있었지!
- 뭐… 그런 면도… 가끔은 있긴 하지…
- 쟤, 먼가 좀 거슬리지 않아?

괜찮아! 다음 페이지를 봐줘.

# 억지로 다른 사람들한테 맞출 필요는 없어!

친구의 의견에 무조건 맞추다가 내가 힘들어지는 것보다는, 내 마음이 정말 원하는 게 무엇인지 생각하고 그 감정을 소중히 여겨야 해.

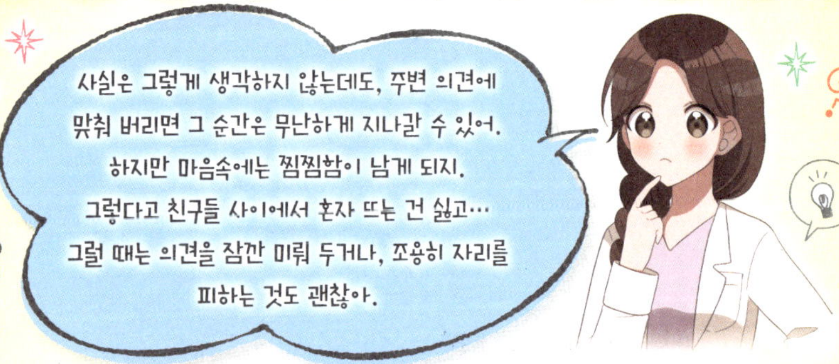

사실은 그렇게 생각하지 않는데도, 주변 의견에 맞춰 버리면 그 순간은 무난하게 지나갈 수 있어. 하지만 마음속에는 찜찜함이 남게 되지. 그렇다고 친구들 사이에서 혼자 뜨는 건 싫고… 그럴 때는 의견을 잠깐 미뤄 두거나, 조용히 자리를 피하는 것도 괜찮아.

그치만… 분위기 애매해질 것 같았잖아~

아, 나 왜 그런 말을 했지…?

이 거짓말쟁이야~!

다른 친구들한테 미움받고 싶지 않잖아

# 남들한테 맞추고 싶지 않을 땐

## 내 마음을 소중히 여기자!

친구의 말에 공감이 잘 안 될 때는 "그렇구나~"처럼 부드럽게 넘기는 것도 괜찮아. '거짓말은 하지 않겠다'는 기준만 정해 두면, 공감되는 부분만 말하고 나머지는 말하지 않거나, 들어주는 쪽이 되어도 괜찮아. 무엇보다 중요한 건, 너 자신의 감정을 소중히 여기는 거야.

## 좋아하는 일을 먼저 해 보자!

하기 싫은 일이나 가고 싶지 않은 곳처럼 마음이 내키지 않을 때는, 가끔은 '나만 안 해도 괜찮아'라고 생각해 봐도 돼. 때로는 내가 좋아하는 세계에 푹 빠져서 마음껏 즐겨보는 용기도 필요해.

# { 남들의 시선이 자꾸 신경 쓰여… }

사람들이 나를 어떻게 생각하는지, 나를 어떻게 보고 있는지 괜히 신경 쓰일 때가 있어. 요즘 친구의 태도가 조금 이상한 것 같으면 '혹시 나, 미움받고 있는 걸까?' 하고 생각하게 되기도 하지. 그런 마음은 누구에게나 생길 수 있는 자연스러운 감정이야.

# 나도 모르게 자꾸 친구 눈치를 보게 돼

웃고 있어도 속으로 무슨 생각을 하는지 알 수 없는 게 바로 인간이지.
아, 정말 복잡하고 피곤한 존재야.

제 3 장

너와 나, 우리 모두를 소중히 여겨요!

혹시 내 얘기 험담하고 있는 걸까?

좀 너무 직설적이었지?

이상하게 귀가 저절로 반응해버려…

솔직하게 말하는 건 좋은데 말이야~

친구가 왠지 기분이 안 좋아 보여
… 혹시 나 때문에 그런 걸까?

있잖아, 오늘 학교 끝나고 같이 놀래?

음… 집에 가서 이것저것 해야 해서…

괜찮아! 다음 페이지를 봐줘.

# 좀 더 자신감을 가져도 괜찮아!

주변 시선이 신경 쓰이는 건, 자신이 없기 때문일지도 몰라.
중요한 건 있는 그대로의 나를 좋아하고, 자신감을 갖는 거야.

## 자신감이 없을 때의 나

자기 주장을 잘 못 함 / 부정적으로 생각함
금방 울고 싶어짐 / 불안해하고 주저함
소곤소곤 뒷말이 신경 쓰임

## 자신감이 있을 때의 나

낙천적이고 밝음
목소리가 크고 수다를 아주 좋아함
에너지가 넘치고 활기참!

## 제3장 너와 나, 우리 모두를 소중히 여겨요!

# 남의 시선과 자신감의 관계를 알아보자!

## 나 자신을 좋아하고 자신감을 키워 보자!

너 자신의 다양한 모습을 마주하고, 하나하나 있는 그대로 인정해 줘. ▶24·25쪽을 함께 봐 줘. 자신을 좋아하게 되면 자연스럽게 자신감도 생기고, 당당하게 행동할 수 있게 될 거야.

- 친구를 소중히 생각해.
- 생각한 것은 솔직하게 말해.
- 좋아하는 걸 솔직하게 말할 수 있어.
- 혼나면 내 행동을 돌아봐.

## 자신감이 생기면 남들의 시선이 신경 쓰이지 않게 돼

쉽지만은 않겠지만, 조금씩 자신감을 쌓아 가면 '내가 뭔가 잘못했나?', 'OO는 나를 어떻게 생각할까?' 같은 걱정이 점점 줄어들 거야.

> 무슨 일 있어?

> 아, 있잖아… 사실 지금 동생을 봐줘야 해서 말이야.

> 너의 불안은 그냥 너무 많이 생각해서 생기는 것일 수도 있어!

> 스스로에게 자신이 생기니까 '혹시 내 잘못 때문에 화난 걸까?'하고 걱정하지 않게 되었고, 친구 관계에 대한 불안도 줄었어!

## 혼자서 끙끙 앓지 말고 말해 줘.
# 고민이 생겼을 때는…

고민이 생겼을 때 어떻게 대처할 수 있는지 아는 건 아주 중요한 일이야.
여기에서는 그런 고민을 풀어갈 수 있는 몇 가지 방법을 소개할게.

## { 믿을 수 있는 사람 상담해 보자! }

선생님, 가족, 친구처럼 가까이 있는 믿을 수 있는 사람에게 고민을 털어놓아 봐. 마음을 나누면 감정이 정리되기도 하고, 조금은 차분하게 고민을 마주할 수 있을 거야.

아무에게도 들키고 싶지 않은 고민이 있거나, 주변에 믿고 이야기할 사람이 없다면, 전화나 인터넷을 통해 상담을 받을 수도 있어.

- **청소년상담** :  **1388**
  **홈페이지** https://www.1388.go.kr ( 채팅으로 상담할 수도 있어 )
- **정신건강위기 상담전화** : **1577-0199**
  ( 제주도를 포함한 전국 어디에서나 연결 가능 )

## { 나에게 잘 맞는 휴식 방법을 찾아보자! }

고민이 생겼을 때는, 누군가에게 상담하는 것도 좋지만 기분을 전환하는 것도 아주 중요해. 몸을 움직이거나, 따뜻한 물에 천천히 목욕하고 푹 자기, 책 읽기, 좋아하는 음악 듣기 등, 너에게 잘 맞는 리프레시 방법을 한번 찾아봐.

> 너를 걱정해주는 사람은 분명 네 주변에 있다는 걸 잊지 마.

## 상대의 의견을 들어보자

내 생각과 다르다고 느껴져도, 일단은 상대의 의견을 끝까지 들어보자.

## 자신의 의견을 말하자

상대의 의견을 부정하지 말고, "나는 이렇게 생각해"라고 내 생각을 전하자.

새로운 놀이기구가 생겼대!

새로운 놀이기구에서 노는 것도 분명 재밌을 거야. 하지만 지아도 보고 싶다고 했던 그 영화, 다음 주면 끝나버린대.

## 서로가 납득할 수 있는 답을 찾아보자

상대의 의견 속에 좋은 부분은 없을까? 잘 맞는 부분은 맞춰보고, 양보할 수 없는 부분은 분명히 말하자. 그렇게 하면 한쪽만 불만을 참는 일이 없고, 서로가 납득할 수 있는 답을 함께 찾아갈 수 있어.

오, 그거 괜찮을지도! 근데 꼭 조만간 놀이공원도 같이 가자!

그럼 영화 끝나기 전에 먼저 보고, 다음에 기회 봐서 친구들이랑 다 같이 놀이공원 가는 건 어때?

제4장 SOS! 고민 구조대

# 기분 나쁜 말이나 욕을 들었을 때

## 그만해 달라고 말하자

아무 말도 하지 않고 있으면, 정말로 싫다는 마음이 전해지지 않아. 내 마음이 계속 불편하다면 그 감정을 표현해보는 게 좋아.
"별 뜻 없이 한 말이라도, 난 상처받으니까 그만해 줬으면 좋겠어" 라는 식으로 내 감정을 솔직하게 전하는 게 중요해.

## 믿을 수 있는 사람에게 말하자

그만해 줬으면 좋겠다고 직접 말하기 어렵거나, 말하면 사이가 나빠질까 봐 말하기 망설여질 땐, 믿을 수 있는 친구나 어른에게 상담해보는 것도 좋아. 상대에게 원래는 어떻게 말하고 싶었는지, 내가 얼마나 속상했는지를 들어줄 사람에게 이야기해보자. 마음을 털어놓으면 한결 편해질 수 있어.

### 이렇게 해보자!

## 이유를 물어보자

"왜 약속을 어긴 거야!" 하고 갑자기 따지기보다는, 왜 약속을 지키지 못했는지 이유를 먼저 들어보자. 어쩔 수 없는 사정이 있었을 수도 있으니까.

### 이렇게 해보자! ## 자신의 마음을 전하자

약속을 어긴 이유가 납득되지 않는다면, 내가 얼마나 실망했고 속상했는지를 전해보자. 화만 내면 상대도 기분이 나빠질 수 있으니, 내 힘든 마음을 알아줬으면 좋겠다는 태도로 이야기하자.

## 상대 반응을 보자

"왕따당했어!"라고 느끼면, 상대의 모든 행동이 나를 일부러 피하는 것처럼 느껴질 수 있어. 정말 의도적으로 그런 건지, 혹은 아무런 악의 없이 그런 건지, 마음을 가라앉히고 잠시 상대의 행동을 지켜보는 것도 좋아.

평소랑 다를 것도 없는 것 같기도 하고…

## 다른 친구와 어울리자

정말로 따돌림을 당하고 있는 것 같다고 느껴진다면, 억지로 상대에게 다가갈 필요는 없어. 일단은 다른 친구와 함께 다니거나 이야기하기 편한 사람과 대화하면서, 상대와 거리를 두는 것도 하나의 방법이야. 시간이 지나면 상대도 평소처럼 돌아올지도 몰라.

# 싫은 기분을 말하지 못해서 답답해

제4장 SOS! 고민 구조대

다들 좀 더 사이좋게 지냈으면 좋겠어~ (근데 말은 못 하겠어…)

그런 시시한 일로도 참 잘 싸운다니까…

괜찮아! 다음 페이지를 봐줘

# GOOD 화낼 땐 내 마음이 잘 전해지게 말해 보자!

마음을 꼭 참지 않아도 괜찮아! 네 기분을 제대로 알아달라고 말하려면, 때로는 화내는 것도 필요해.

## 화를 내는 건 나쁜 일이 아니야!

화나는 감정이 생기는 건 사람에게 아주 자연스러운 일이야. 그 감정을 꼭 참고 쌓아두기만 하면 마음도 몸도 지치게 돼.

## 화나는 마음을 잘 표현해 보자!

화가 났을 때 중요한 건, 그 감정을 어떻게 전달하느냐야. 화를 내는 방식도 여러 가지가 있지. 어떻게 표현해야 상대에게 잘 전달될 수 있을지 생각해 보자. 그리고 그 말을 내가 들었을 때 기분이 어떨지를 떠올려보는 것도 하나의 기준이 될 수 있어.

이 활활 타오르는 마음, 어떻게 전하면 좋을까?

그래도...

# 이런 식으로 화내는 건 안 돼!

제 4 장

SOS! 고민 구조대

### NG1 심한 말을 한다

"바보야!", "정말 싫어!" 같은 강한 말을 내뱉으면, 상대도 마음을 닫아버릴 수 있어. 비난하거나 부정하기보다는 "나는 정말 화가 났어"라는 걸 차분하게 전달하는 것이 좋아.

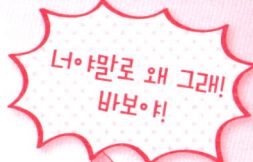 너야말로 왜 그래! 바보야!

 뭐라고!?

### NG2 상대방에게 상처를 준다

 진짜 너무 무뚝뚝하네~

내가 당한 일이 억울해서 상대에게 똑같이 심한 말을 되돌려주거나, 상대를 이기고 상처 주는 게 목적이 되어버리진 않았는지 돌아보자. 정말 중요한 건 내 마음을 알아주길 바라는 거야. 또, 화난 상대에 대해 다른 친구에게 험담하는 것도 갈등의 씨앗이 되니까 하지 않도록 하자.

?마음을 솔직하게 전하면 더 친해질 수 있어!

# 내 마음을 어떻게 잘 전할까?

구체적으로 어떻게 해야 내 마음을 상대에게 제대로 전할 수 있을까?
중요한 포인트를 함께 살펴보자!

## 어느 쪽이 내 마음이 더 잘 전달될까?

내가 그런 사람이라고 생각하고 있었다니 충격이었고, 나로서는 고칠 수 없는 부분을 놀림 받아서 마음이 아팠어.

왜 그런 말을 들어야 해? 너야말로 항상 자기가 주목 못 받으면 금방 토라지잖아!

내가 느낀 불편한 감정을 차분하게 정리해서 이야기해.

상대방을 비난하는 게 중심이 되고, 내 진짜 마음은 뒤로 밀리게 돼.

## 감정적으로 반응하지 말고 차분하게

화난 감정을 그대로 쏟아내면, 말이 제대로 전달되기 전에 싸움으로 번질 수 있어. 물론 싸우고 나면 속이 풀리는 경우도 있지만, 차분하게 내가 느낀 점만을 조심스럽게 전하는 편이 오히려 내 진심이 더 잘 전달될 수 있어.

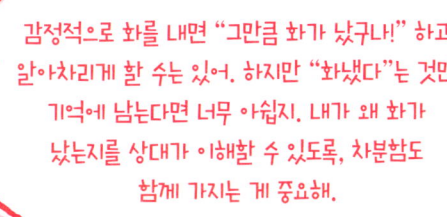

감정적으로 화를 내면 "그만큼 화가 났구나!" 하고 알아차리게 할 수는 있어. 하지만 "화냈다"는 것만 기억에 남는다면 너무 아쉽지. 내가 왜 화가 났는지를 상대가 이해할 수 있도록, 차분함도 함께 가지는 게 중요해.

## 상대를 탓하지 말고, 자신의 감정을 솔직하게 전하자!

싫은 말을 듣거나 상처받는 행동을 당했을 때, 상대를 탓하지 않는 건 쉽지 않을 수 있어. 하지만 상대에게 똑같이 상처를 주어봤자 내 마음은 전해지지 않고, 결국 서로 힘든 감정만 남게 돼. 상대를 비난하는 데 에너지를 쓰기보다는 "나는 이런 기분이었고, 그래서 슬펐어"라고 내 감정을 용기 내어 표현해보는 것이 더 중요해.

### 알아줬으면 해

이런 마음을 제대로 전하는 게 중요해.

'무뚝뚝하다'는 말, 지아가 일부러 상처 주려고 한 건 아닐 수도 있지만, 나는 평소에도 그걸 계속 신경 쓰고 있었거든. 그래서 그런 말 들으면 정말 속상해. 나 슬퍼지니까 그런 말은 안 했으면 좋겠어.

## 말하는 방법을 정리하는 포인트

### 포인트 1

## 상대의 입장에서 생각해 보자!

"혹시 저렇게 생각했을까?", "그런 말을 한 이유가 있었을까?" 하고, 나에게 상처를 준 상대의 입장이 되어 생각해 보자.

이거 봐!!

와, 대단하다 대단해. (영혼 없는 말투)

뭐, 확실히 반응은 좀 미지근했을지도…

### 포인트 2

## 마음을 글로 써보며 정리해 보자!

지금 느끼는 감정을 하나하나 종이에 써보자. 화밖에 없다고 생각했던 그 감정 뒤에, 진짜 내 마음이 보일지도 몰라.

나도 내가 좀 무뚝뚝하다는 거 알아

이런 나도 싫어.

굳이 그런 말 듣고 싶지 않아.

그래도 '무뚝뚝하다'는 말을 들으면…

내가 나쁜 사람인 것처럼 느껴져.

### 화난 기분을 계속 갖고 있지 않기

완벽하게 말하지 못했더라도 내 마음을 전할 수 있었다면, 그걸로 충분해. 그 일은 이제 지나간 일로 넘기고, 용기 내서 말한 나 자신을 칭찬해 주자.

잘 전해진 것 같진 않지만, 어쨌든 말해서 속은 시원해졌어♪

제4장 SOS! 고민 구조대

말투에 가시가 있는 것처럼 들린대요… 저도 모르게 상대를 상처 입히게 되기도 해요.

그렇구나… 지아랑 수현이는 서로를 소중한 친구라고 생각하고 있지만…

표현이 서툴러서 싸움이 되는 걸지도 몰라…

# 이럴 땐 어떻게 할까?

상대방을 기분 나쁘게 했을 때는 어떻게 하면 좋을까? 친구와 오래도록 사이좋게 지내기 위해서, 해결 방법을 함께 알아보자!

## 친구와 다투었을 때

"체육 시간에 짝하자고 한 건 수빈이 너였잖아!"

"나도 그렇게 하려고 했단 말이야! 근데 지아가 이쪽으로 오라고 하잖아!"

"내… 내 잘못이라는 거야??"

## 이렇게 해보자!

## 나와 상대의 마음에 대해 한 번 생각해 보자

누가 잘못했는지 따지기 전에, 잠깐 멈추고 먼저 내가 왜 화가 났는지를 차분히 돌아봐. 그리고 마찬가지로, 상대가 왜 그런 반응을 보였는지도 한 번 상상해 보자.

> 수현이를 잊고 있던 건 아니고, 그런데 지아가 "부탁이야!"라고 해서 거절하는 것도 미안하다고 생각했어…

> 근데 수현이는 나랑 짝이 되려고 다른 친구의 제안을 거절했을지도 몰라?

> 수현아 너랑 먼저 약속했으니까, 그걸 지아에게 제대로 말했어야 했어! 미안해!

> 괜찮아, 나도 너무 화냈던 것 같아.

## 이렇게 해보자!

## 먼저 내가 사과해 보자

나와 상대의 마음을 천천히 생각해 본 뒤에, "역시 계속 사이좋게 지내고 싶어!"라는 마음이 들었다면, 조금 용기가 필요하겠지만 먼저 사과해 보자. 진심으로 솔직하게 사과하면, 상대의 마음도 분명 부드럽게 풀릴 거야.

> 싸우는 게 꼭 나쁜 일만은 아니야. 서로 생각한 걸 솔직하게 말할 수 있다는 건 정말 중요한 일이거든. 그리고 다툰 뒤에 화해할 수 있다면, 전보다 더 마음이 가까워질 수도 있어.

# 부탁이나 초대를 거절하고 싶을 때

## 초대해줘서 기뻤지만...

준 라이브, 같이 안 갈래?

아~ 그렇지... 한번 생각해볼게.

멋있지, 그렇지!!

## 이런 부탁을 받았는데...

숙제 너무 어려워서 못 했어! 미안한데 좀 베끼게 해줘!

에…으…음… 그러니까…

## 이렇게 해보자!

## 감사와 거절 이유를 함께 전하자

약속이 있어서 못 가거나, 시간이 안 맞아서 거절해야 할 때는 "고마워, 나도 그러고 싶은데…" 하고 먼저 감사한 마음을 전한 뒤에 이유를 말하자. 내키지 않거나 하기 싫은 경우에도, 초대해 줘서 고맙다는 마음은 꼭 전하는 게 좋아. 그러면 상대도 "다음에 또 초대해 봐야지"라고 생각할 수 있어.

## 이렇게 해보자!

## 싫다고 말하는 것도 중요

거절하는 건 절대 나쁜 일이 아니야. 하기 싫은 마음을 숨기면서까지 상대에게 억지로 맞추기보다는 "하기 싫다"는 내 마음을 먼저 소중히 여겨야 해. 단, 상대방이 상처받지 않도록 말하는 방식에는 조금 신경 써 보자.

만약 나쁜 일이나 하면 안 되는 일에 함께 하자고 한다면, 용기를 내서 "나는 안 할래"라고 분명하게 말하자. 정말 거절하기 어려울 때는 "약속이 있어서"처럼 참여할 수 없는 이유를 말하면서, "나는 하지 않겠다"는 선을 스스로 그어두는 게 중요해.

## 친구와의 약속을 어겼을 때

### 친구와 약속을 했는데… ➡ 그 약속을 지키지 못했어…

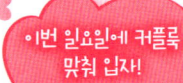

이번 일요일에 커플룩 맞춰 입자!

좋아! 그럼 우리 둘 다 원피스로 하자!

당일…

앗, 망했다…

---

그 책 내가 가지고 있으니까 빌려줄게!

고마워! 내일 꼭 필요한데…

그 책 가져왔어?

다음 날…

망했다

내일 가져올게.

## 약속을 못 지켰을 때, 상대 기분도 생각해 보자

내게 나름의 정당한 이유가 있더라도, 약속을 어긴 쪽은 괜찮을지 몰라도 약속을 지키길 기대했던 친구는 실망했을지도 몰라. 친구가 겉으로 화내거나 슬퍼하지 않는다고 해서 "신경 안 쓰는 것 같으니까 그냥 넘어가도 되겠지!" 하고 넘기는 건 절대 금물! 겉으론 아무렇지 않아 보여도 속으론 속상했을 수 있어. 내가 그런 상황이라면 어떤 기분일지, 친구 입장에서 한 번 생각해 보자.

## 이유를 말하고 진심으로 사과하자

가장 중요한 건 왜 약속을 지키지 못했는지 솔직하게 이유를 말하는 거야. 둘러대거나 거짓말하지 말고, 이유를 설명한 뒤 상대의 얼굴을 보며 정중하게 사과하자.

## 상처를 준 이유를 생각해 보자

내가 그런 뜻이 아니었더라도, 무심코 한 말이나 행동이 상대에게 상처를 줄 수 있어. 친구에게 상처를 줬다고 느껴졌다면, 먼저 그 이유가 무엇인지 생각해 보자. 말투 때문인지, 마음이 엇갈린 건지 등, 내 나름대로 느낀 점들을 정리해 보면 나중에 상대에게 내 마음을 전할 때 큰 도움이 될 거야.

귀엽다고 생각했는데 "이상해"라며 놀리듯 말한 건 안 되는 거였지…

## 이유를 설명하고 정중하게 사과하자

"나 때문에 ○○가 상처받았지? 미안해"라고 먼저 말을 걸어보자. 혹시 오해나 착각이 있었다면 잘 설명해서, 내 진심이 제대로 전해지도록 하자.

하율아, 너 그림 항상 잘 그리잖아. 진짜 멋지다고 생각해! 그런데 아까는 괜히 "이상해"라고 말해서 미안해… 사실은 귀엽다고 생각했는데, 말이 이상하게 나왔어…

응… 슬펐어…

상대에게 상처 주는 말을 해버렸을 때는, 그 말 뒤에 숨겨진 내 진짜 마음이 무엇인지 먼저 생각해 봐야 해. 그냥 말로만 "미안해"라고 하면, 상대는 진심을 느끼지 못할지도 몰라. 진심을 담아서 마음을 전하는 게 중요해.

# 마음을 담아 사과하면 진심이 전해져!

"미안해"라는 마음을 상대에게 제대로 전하는 방법을 살펴보자.
어떻게 사과하느냐에 따라 그 사람이 받는 느낌도 달라질 수 있어.

## 자신의 잘못을 인정하는 건 중요한 일이야

> 내가 잘못했거나 틀렸다는 걸 인정하는 건
> 용기가 필요한 일이지만, 괜히 고집 부리면서
> 사과하지 않아서 우정이 깨져버린다면
> 너무 아깝잖아.

## 꼭 말로 제대로 표현하자!

아무리 친한 친구라도, 그냥 내 태도만으로 알아줄 거야…라고 생각하는 건 금지! 말로 하지 않으면 아무것도 제대로 전해지지 않아. "미안해", "다음부터는 조심할게" 같은 말을 꼭 입으로 직접 전해 보자.

제4장 SOS! 고민 구조대

## 마음을 잘 전하는 방법

### 꼭 말로 솔직하게 표현하자!

"미안해"라고 말하면서도 "사실 별거 아닌데…"라는 태도를 보이면 진심이 전혀 안 느껴져. 겉치레처럼 하는 사과가 아니라, 정말 내가 잘못했다고 느낀 마음을 솔직하게 그대로 전하는 게 중요해.

내가 잘못했다는 거 알아!

왜 그렇게 잘난 척이야…?

나만 그런 말을 한 건 아니고… 물론 내가 잘못했다는 건 알지만… 그러니까… 그게 말이지… (말을 길게 늘어놓음)

### 변명은 하지 말자!

자신의 행동이나 상황을 정중하게 설명하는 것과 변명을 하는 건 전혀 달라. 변명처럼 들리면 "정말 미안하다고 생각하는 걸까?" 하고 상대가 의심할 수도 있어. 사정을 이야기할 때는 남 탓을 하거나 얼버무리지 말고, 사실만 차분하게 정리해서 솔직하게 말하자.

## 가능하면 빨리 마음을 전하자!

시간이 지날수록 사이가 더 어색해질 수도 있어. 정말 빨리 화해하고 싶다면, 가능한 한 빨리 먼저 마음을 전해보자.

## 직접 말하자!

직접 마주 보고 말하기가 내키지 않거나, 사과하기가 어렵게 느껴질 수도 있지만, 다른 사람을 통해 전하는 건 피하자. 그렇게 하면 내 진심이 제대로 전달되지 않을 수 있고, 내가 잘못했다는 마음도 상대에게 제대로 전해지지 않을 거야.

## 예를 들어 이런 식으로 사과해 보자

### 먼저 말을 꺼내자!

"지금 잠깐 시간 괜찮아?", "잠깐 너랑 둘이서 얘기하고 싶은 게 있어"처럼 먼저 말해두면, 나도 그렇고 상대도 마음의 준비를 할 수 있어서 좋아.

### 먼저 사과부터 하자!

도저히 변명처럼 들릴 것 같을 때는, 먼저 "미안해!" 하고 사과한 다음에 "그때는 말이야…" 하고 차분히 설명을 이어가는 것도 좋은 방법이야.

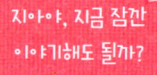

# 상대가 너무 화가 나 있을 때는…

## 시간을 두자!

말을 걸어도 무시할 정도로 상대가 많이 화가 나 있다면, 지금은 아무 말도 하지 말고 잠시 기다리는 게 좋아. 상대의 반응을 지켜보면서, 서로 마음이 조금 가라앉았을 때 다시 말을 걸어보자.

> 화가 난 상대도 시간을 두면 점점 차분해지는 경우가 많아. 좋은 타이밍을 잘 노려보자!

## 방법을 바꾸자!

> 지아에게 불편한 기분 들게 해서 정말 반성하고 있어. 진심으로 미안해.
> 예나로 부터

상대도 직접 얼굴 보고 이야기하는 걸 꺼릴 때가 있을 수 있어. 그럴 땐 전하는 걸 포기하지 말고, 편지를 쓰거나 전화를 하는 등 방법을 바꿔서 마음을 전해보자.

# 이럴 땐 어떻게 할까?

대처법을 알아서 갈등을 해결하자! ❸

친구들과 지내다 보면 고민하거나 곤란한 상황이 생길 때도 있지.
그럴 땐 어떻게 행동하면 좋을지 함께 살펴보자.

## 🚨 대화나 분위기를 따라가지 못할 때

그 프로그램 진짜 최고로 재미있지!

그, 그랬구나~

맞아 맞아, 저번에도 그랬잖아…

전혀 모르고 관심도 없는데… 왠지 좀 외롭다~

## 이렇게 해보자! 무리해서 이야기 맞추지 않아도 돼

별로 내키지 않거나, 뭔가 마음에 걸리는 상황에서 억지로 맞추려고 하면 너무 지치게 돼. 그럴 때는 나랑 잘 맞는 친구와 어울리도록 해보는 게 좋아.

## 모르면 질문해 보자

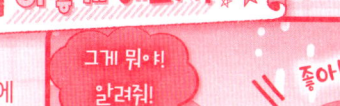

나만 모르고 있는 상황이면 대화에 끼지 못해 곤란할 때가 있어. 그럴 땐 그냥 고개만 끄덕이기보다는 "그건 잘 모르겠어, 알려줘!" 하고 질문하면서 대화에 자연스럽게 참여해보는 것도 좋은 방법이야.

즐거워야 할 대화가 괴로워지면 정말 힘들지. 이야기를 따라가지 못해서 마음이 조급해질 때는, 잠깐 화장실에 다녀오거나 다른 생각을 하면서 먼저 내 마음을 진정시키는 걸 우선해 보자.

## 이렇게 해보자!

### 혼자 있고 싶을 때는 그래도 괜찮아!

"친구들 사이에 있으려니 숨 막혀!"라고 느껴질 때는, 혼자 있어도 괜찮아. 책에 집중하는 척을 하거나, 화장실이나 양호실에 가는 것도 좋아. "혼자 있고 싶어" 하는 내 마음에 솔직하게 행동해 보자.

## 이렇게 해보자!

### 친구는 많지 않아도 괜찮아

그룹에 속해 있지 않으면 친구가 없을 것 같아서 두려울 수도 있어. 하지만 내가 억지로 힘주지 않고 편하게 있을 수 있는 친구가 한 명이라도 있다면 그걸로 충분해. "그런 친구조차 없어!"라고 느껴질 땐, 서두르지 않아도 괜찮으니까 나랑 잘 맞는 친구를 천천히 찾아보자.

혼자 있으면 친구가 없는 줄 알까 봐 걱정했었는데, 주위를 잘 둘러보니까 편하게 이야기할 수 있는 친구들이 분명 내 곁에 있었던 거야.

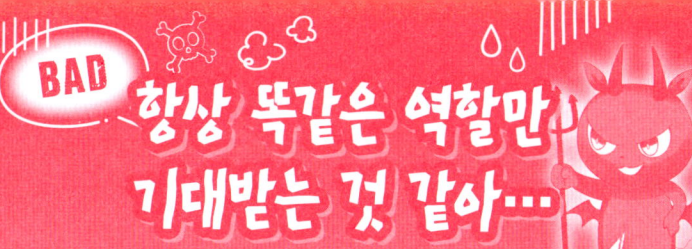

# 항상 똑같은 역할만 기대받는 것 같아…

**BAD**

제4장 SOS! 고민 구조대

> 무리 속에 있는 한, 넌 그 역할에서 절대 도망칠 수 없어~.
> 포기하는 게 좋을 거다!

"뭐 뭐, 우리 서로 그런 거지~"

*사실은 이런 성격, 나도 싫어!*

"여긴 수현이가 딱 받아쳐야 하는 타이밍이잖아!"

흠칫

괜찮아! 다음 페이지를 봐줘.

# GOOD 억지로 역할을 연기하지 않아도 괜찮아!

억지로 자신답지 않은 역할을 연기하다 보면 지치고, 재미도 없어.
자신의 마음을 억누르지 말고, 소중히 여겨 줘!

## 싫은 건 싫다고 말하자!

"너는 원래 그런 캐릭터잖아"하고 역할을 떠넘기려는 말에 불편함을 느낀다면, "나는 그거 하고 싶지 않아"라고 분명히 말해도 괜찮아. 무리해서 맞추려고 하면 오히려 스트레스가 쌓이니까.

왜 나만 맨날 그래야 해!! 이제 진짜 싫어!!!

미안……

모두 저마다의 개성이 있지만, 눈에 띄는 한 면만이 그 사람의 전부는 아니야. 활발한 아이도 항상 기운 넘치는 건 아니니까 당연한 일이야. 서로의 다양한 모습을 인정하며 지내고 싶어.

## 무리에 속해 있는 게 힘들다면

### 적당히 어울리기

무리에 있는 게 도저히 힘들게 느껴질 때가 있다면, 잠깐 거리를 두어 보거나 '무리에서 벗어나도 괜찮아'라고 마음을 정리해보는 것도 한 가지 방법일 수 있어.

### 자기만의 세계를 소중히 여기자

지치긴 하지만, 무리에서 벗어나는 건 왠지 용기가 필요해… 그럴 땐 조금씩 혼자만의 시간을 만들어보는 건 어때? '혼자여도 의외로 괜찮네' 싶은 시간이 하나둘 쌓이다 보면 마음에 여유가 생기고, 무리에 있을 때도 훨씬 편안해질 거야.

## 상대 이야기를 잘 들어줘

상대의 이야기에 귀 기울여주는 것만으로도, 마음이 한결 가벼워질 수 있어. 반대로, 대충 듣거나 장난처럼 반응하면, 용기 내서 이야기해준 친구에게 상처를 줄 수 있으니까 그런 태도는 꼭 피하자.

## 상대가 속상해할 땐 부정하거나 심하게 말하지 말자

무슨 고민을 털어놓더라도, 처음부터 단호하게 부정하는 건 절대 금물이야. 먼저 친구의 감정을 받아들여 주고, 그 다음에 내 방식대로 조심스럽게 조언해 보자. "힘들었겠다", "그랬다면 정말 속상했겠다"처럼 공감해 주는 말도 큰 위로가 될 수 있어.

상대는 너를 믿고 고민을 털어놓은 거니까, 그 내용을 다른 사람에게 말하는 건 약속을 어기는 거야. 하지만 혼자 감당하기 어려운 이야기이거나, 위험이 느껴지는 상황이라면 믿을 수 있는 어른에게 이야기해보자고 조심스럽게 조언해 주는 것도 필요해.

## 먼저 말을 걸어보자

상대가 풀이 죽어 있거나 기운이 없어 보인다면, "무슨 일 있어?"라고 다정하게 말을 걸어 보자.
바로 기운이 나지 않더라도, 네가 걱정해 줬다는 사실만으로도 상대에게는 큰 힘이 될 거야.

쓸쓸히…

## 내가 들으면 기쁠 말을 생각해 보자

상대가 왜 기운이 없는지 알고 있다면, 그럴 때 내가 어떤 말을 들으면 기쁠지를 상상해 봐. 상대의 마음과 입장이 되어 생각해보는 게 가장 중요해.

- 다음엔 같이 다시 힘내보자!
- 정말 열심히 했잖아!
- 기운 내!
- 같이 이어달리기해서 정말 즐거웠어!
- 뭐라도 먹으러 가자!

이미 충분히 열심히 하고 있는 상황에서는 "힘내"라는 말 자체가 오히려 부담이 될 수 있어. 그럴 땐 "정말 잘 해왔어"나 "나는 항상 네 편이야" 같은 말을 건네주는 게 훨씬 큰 위로가 돼.

## 말하는 방식을 바꿔 보자

강한 말투나 표현을 쓰면, 내가 무슨 말을 하려는지 전달되기도 전에 상대는 기분이 상할 수 있어. 내가 맞다는 걸 강조하기보다는, 왜 그게 좋지 않았는지를 상대가 이해할 수 있도록 부드럽고 정중하게 이야기해 보자.

## 표정과 태도도 정말 중요해

화난 얼굴이나 난처한 표정보다, 밝게 웃으며 말하는 편이 훨씬 잘 전달되고, 상대도 기분 나쁘지 않아. 그리고 주의를 줬다면 그걸 계속 끌고 가지 않고, 금방 풀어주는 것도 좋은 관계를 유지하는 비결이야.

### 이렇게 해보자!

## 못 본 척하는 건 절대 안 돼

따돌림을 당하고 있는 아이가 "그만해"라고 말하지 않더라도, 사실은 정말 힘들어하고 있을지도 몰라. 예를 들어 "괜찮아?" 하고 한마디 말을 건네는 것만으로도, 상대에겐 큰 위로가 될 수 있어. 반대로 모른 척 지나쳐 버리면, 그 아이는 더 상처받을 수도 있어. 혹시라도 네가 그 상황을 '왕따나 괴롭힘'이라고 느꼈다면, 절대 외면하지 말고 용기를 내서 행동해 줘.

### 이렇게 해보자!

## 믿을 수 있는 어른에게 꼭 상담하자

괴롭힘을 당하는 친구를 도와주고 싶어도, 상황이 더 나빠지거나 내가 괴롭힘의 대상이 될까 봐 두려워서 쉽게 나서지 못할 때도 있어. 그럴 때는 먼저 가족이나 선생님처럼 믿을 수 있는 어른에게 상황을 이야기하고 도움을 요청해 보자.

중요한 건, 혼자서 어떻게든 해보려고 하지 않는 거야! 나처럼 괴롭힘이 나쁘다고 생각하는 친구들을 하나씩 늘려가 보자. 그래도 우리끼리 해결할 수 없는 일이라면, 믿고 의지할 수 있는 어른에게 꼭 상담하자.

제 4 장 SOS! 고민 구조대

# 친구에게 먼저 말을 걸고 싶을 때

그러니까~
그...
그게...
머뭇 머뭇

있잖아!

**현실**

**이상**

## 밝은 미소로 다가가서 인사해 보자

주춤거리며 말 거는 것보다, 밝은 웃음으로 가볍게 이야기하는 편이 상대도 편안하게 느껴질 수 있어. 그래도 너무 긴장된다면, 먼저 숨을 깊게 내쉰 뒤 천천히 들이마시고, 그다음에 용기 내서 말을 꺼내보자.

## 질문으로 대화를 주고받아 보자

상대가 생각하는 것이나 좋아하는 것에 대해 질문하면 금방 더 가까워질 수 있어. 대답해준 내용에 대해 더 깊이 물어보거나, 그 이야기와 관련된 내 얘기를 덧붙이면 자연스럽게 말이 오가고 대화가 더 즐거워질 거야.

### 예를 들어 이렇게 말을 걸어봐도 좋겠지!

**상대에 대해 알고 싶을 때**

수빈이는 무슨 학원 다녀?

**상대에게 나를 알아줬으면 할 때**

수빈이가 가진 손수건 캐릭터, 나 그거 진짜 좋아해!

## 솔직하게 말해 보자

내 마음이 "혼자 있고 싶어"라고 말하고 있다면, 그 감정을 소중히 여겨야 해. 돌려 말하면서 거짓말을 해봤자 결국 친구를 상처 입히게 되니까, 솔직한 마음을 조심스럽게 전해보자.

## 혼자만의 시간을 즐기는 것도 괜찮아

혼자만의 시간이 알차게 느껴지면 참 좋겠지. 좋아하는 일이나 흥미 있는 것에 사람 눈치 보지 않고 푹 빠질 수 있는 건, 혼자 있을 때만 누릴 수 있는 특별한 즐거움일지도 몰라.

혼자 있는 건 외롭거나 우울하다는 부정적인 이미지가 있었는데, 사실은 나만의 개성을 키울 수 있는 좋은 기회일지도 몰라!

## 혼자만의 시간을 가져보자

계속 사람들과 함께 있다 보면 아무리 즐거워도 마음이 바빠지고 피곤해질 수 있어. 내 마음의 상태를 잘 들여다보면서, 지금은 혼자 있고 싶다거나, 조금 떨어져 지내보자는 식으로 스스로 결정할 수 있으면 좋겠지.

## 좋아하는 걸 하며 기분을 전환해 보자

복잡한 인간관계에 지쳐버렸다면, 내가 좋아하는 걸 실컷 하면서 답답한 마음을 날려버리는 건 어때? 맛있는 걸 먹거나, 믿을 수 있는 사람과 천천히 이야기 나누는 것도 좋아. 나만의 스트레스 해소법을 하나쯤 만들어두면 도움이 될 거야. ▲56~59쪽을 참고해 봐!

> 너무 남을 배려하다 보면 그게 내 성격이기도 해서 쉽게 바꾸긴 어렵지만, 가끔은 나 자신을 먼저 생각해줘도 괜찮을 것 같아!

## '좋아하는' 마음을 전하고 싶을 때

### '좋아하는' 마음은 누구에게나 똑같아

운동도 잘하고 멋져!

좋아

똑똑하고 친절해!

좋아

## 편지로 전하기

직접 마주 보고 '좋아해'라는 마음을 전하기 어렵다면, 편지를 써보는 것도 좋아. 함께해서 즐거웠던 순간이나, 그 사람의 좋은 점을 자연스럽게 담아보면 돼.

## 선물을 건네기

상대를 생각하는 마음이 담긴 선물을 건네는 것도 '좋아해'라는 마음을 전하기 좋은 방법이야. 너무 비싼 건 오히려 부담스러울 수 있으니까, 상대가 좋아할 만한 작지만 정성이 담긴 선물이 가장 좋아.

## 좋아하는 점을 전하기

직접 "좋아해"라고 말하지 않아도, 상대를 잘 관찰해서 좋은 점을 칭찬하거나 "이런 점이 정말 좋아"라고 말해보자. 이렇게 말로 제대로 전해지면, 상대도 정말 기뻐할 거야.

## 이렇게 해보자!

### 신경 쓰지 마!

주변에서 놀림을 받으면 창피해서 괜히 과하게 반응할 때가 있지. 그럴 땐 너무 신경 쓰지 말고, 그냥 가볍게 넘기는 게 좋아! 대부분 가만히 두면 금방 잠잠해지니까 걱정하지 마.

## 이렇게 해보자!

### 자신의 감정을 소중히 여겨

누군가를 좋아한다고 느꼈다면, 그 마음을 소중히 여겨줘. 그러면 혹시 놀림을 받아도 그 사람과 솔직하게 마주할 수 있고, 내 마음을 숨기지 않아도 되니까. 상대에게도 진심이 전해지니 일석이조야!

'좋아해'라는 마음은 정말 멋진 감정이야. 좋아하는 사람이 있으면 매일이 즐거워지고, 자연스럽게 웃는 일도 많아져서 자기 자신도 반짝반짝 빛나게 되는 걸지도 몰라.

# 작은 말 한마디나 행동으로 더 가까이!

오늘부터 한번 해보자! ♪

작은 말 한마디나 행동만으로도 친구나 가족과 지금보다 훨씬 더 마음이 잘 통하게 될 수 있어.

## 1 칭찬을 잘하는 사람이 되자!

아무리 사소한 일이더라도 칭찬을 받으면 기쁘지 않은 사람은 없어. '이 점이 참 좋다'고 늘 생각만 하고 말로 꺼내지 않는 건 너무 아깝지. 좋다고 느낀 건 "정말 멋져!" 하고 적극적으로 말해보자. 다만, 뻔히 보이는 거짓말이나 진심이 아닌 칭찬은 오히려 상대의 마음을 멀어지게 할 수 있으니 주의해야 해.

> 새로운 헤어스타일, 진짜 잘 어울려! 리본도 너무 귀엽다~

> 그, 그럴까? 고마워!

## 2 잘 들어주는 사람이 되자!

말을 잘 들어주는 사람은 누구에게나 호감을 얻어. 상대방 입장에서는 "내 이야기를 잘 받아주는구나"라고 느낄 수 있으니까. 들을 때는 상대의 눈을 보면서 고개를 끄덕이고, "응응", "그래서?", "그 다음은?" 같은 말로 자연스럽게 이야기를 이어가 봐. 그러면 상대도 더 편하게 이야기할 수 있고, "정말 내 말을 들어주는구나" 하고 마음을 열게 될 거야.

## 3 감사의 마음을 전하자!

가까이 있는 사람일수록 "고마워"라는 마음을 쉽게 잊곤 하지만, 사실은 가족이나 가장 친한 친구가 누구보다도 너를 가장 많이 지지해주고 있어. 말로 감사를 전하는 것도 좋고, 집에서 먼저 도와주는 행동을 해보는 것도 "항상 고마워"라는 마음을 더 깊이 전할 수 있는 좋은 방법이야.

제4장 SOS! 고민 구조대

# 4 마음을 전하는 방법을 고민해 보자!

## 직접 말해줘

얼굴을 마주 보고 직접 말하는 것이 마음을 가장 확실하게 전할 수 있는 방법이야. 눈앞에 상대가 있다는 건, 표정과 반응을 보면서 내 마음을 전할 수 있다는 큰 장점이 있어. 일방적으로 말하는 게 아니라 서로 주고받는 대화가 되니까, 상대의 반응에 맞춰 더 따뜻하게 표현할 수 있어.

## 편지로 마음을 전해줘

차분히 생각해서 내 마음을 잘 전하고 싶을 때는 편지를 쓰는 게 좋아. 시간을 들여서 내 진심을 담고, 가능하면 정성스럽고 읽기 쉬운 글씨로 써 보도록 하자.

## 이메일이나 카톡으로 마음을 전해줘

분위기를 너무 무겁게 만들고 싶지 않다면, 이모지를 쓸 수 있는 문자나 메시지 앱이 편리해. 하지만 너무 가볍게 느껴지거나 말이 잘 전달되지 않을 수도 있으니까, 보내기 전에 꼭 한 번 더 꼼꼼히 확인해 보자.

## 전화로 마음을 전해줘

얼굴을 마주 보고 말하기는 어렵고, 부끄럽지만 그래도 내 입으로 직접 전하고 싶을 때는 전화가 딱 좋아. 다만 얼굴이 보이지 않기 때문에, 나 혼자 계속 이야기하게 되기 쉽잖아. 그래서 중간중간 상대의 반응을 살피는 것도 꼭 잊지 말아야 해.

# 알아두면 좋은 한 단계 더 레벨 업! 지금 꼭 알아야 할 매너

메시저 앱이나 SNS는 올바르게 사용하지 않으면 문제가 생기기 쉬워.
메신저나 SNS를 사용할 때 꼭 알아두어야 할 매너와 규칙에 대해 함께 생각해 보자.

## 메신저 앱이나 SNS에서 생기는 문제

메시지 앱이나 SNS를 쓰면서 친구들이 겪은 문제들에 대해 물어봤어.
너도 이런 경험, 한 번쯤 있지 않았을까?

### 😟 그런 뜻으로 말한 건 아니었는데…

친구랑 메시지 앱으로 이야기하고 있었는데, 내가 장난으로 "에이, 징그러워~"라고 보냈더니 그 뒤로 답장이 없는 거야… '징그러워'라는 말에 많이 상처를 받은 것 같아. 난 그냥 장난으로 한 말이었는데…

### 😵 헉… 다른 사람한테 보냈어…!

사실은 예나에게 보낼 메시지를 잘못해서 지아한테 보내 버렸어… 예나가 절대 비밀로 하고 싶어 했던 일이 내 실수 때문에 지아에게 전해진 거야. 예나한테 사과는 했지만, 정말 큰 충격을 받은 것 같았어. 보내기 전에 받는 사람을 제대로 확인했더라면 좋았을 텐데…

## 😱 단체 톡방에서 내 욕을 했어…

친한 친구들끼리 메시지 앱으로 그룹 대화를 하고 있었어. 평소에는 학교에서 있었던 일 같은 걸 이야기하곤 했는데, 어느 날 친구 한 명이 내 험담을 보내기 시작했어… 그러자 다들 재미있다며 내 험담을 주고받기 시작했어. 나는 그냥 무시했지만 정말 많이 상처받았고, 이제는 그 아이들을 친구라고 생각할 수 없게 됐어.

## 🥺 친구가 내 사진을 허락도 없이 SNS에 올려버렸어…

같이 찍은 사진을 친구가 내 허락도 없이 SNS에 올려 버렸어. 처음엔 그냥 괜찮겠지 싶었는데, 어느새 퍼져 버려서 모르는 사람들한테까지 내 얼굴이 보이게 된 거야… 올린 사진은 바로 지워 달라고 해서 지웠지만, 이미 퍼진 사진은 다 지울 수 없는 것 같아.

## 😵 SNS에서 알게 된 사람을 실제로 만나 보니까…

좋아하는 아이돌 이야기를 하면서 친해진 여자아이가 근처에 산다는 걸 알게 돼서 만나기로 약속했어. 프로필 사진도 평범한 여자아이였고, 옆 초등학교에 다닌다고 해서 별 생각 없이 괜찮다고 했는데, 약속 장소에 나온 건 사진이랑 전혀 다른 어른이었어… 깜짝 놀라서 집까지 달려서 도망쳤지만, 정말 무서웠어…

# 메시지 앱과 SNS를 똑똑하게 사용하는 방법

메시지 앱이나 SNS는 잘 활용하면 아주 편리한 도구이다. 문제에 휘말리지 않고 사용하려면 어떤 점이 중요할지 함께 살펴보자.

##  상대의 마음을 생각해 보자!

메시지를 보내기 전에 한 번 더 읽어 보고, 상대를 상처 입히는 내용은 아닌지 꼭 생각해 보자. 특히 메시지 앱으로 주고받을 때는 빨리 답해야 한다는 생각에 깊이 생각하지 않고 보내기 쉬워. 잠깐 숨을 고르고, 상대의 마음을 생각하는 걸 잊지 말자.

##  잘 안 전해질 땐 직접 말하자!

스마트폰이나 컴퓨터로 문자만 주고받을 때는 상대의 표정을 볼 수 없어. 문자만으로 마음을 정확히 전하는 건 정말 어려운 일이야. 그래서 정말 전하고 싶은 마음이 제대로 전달되지 않아, 상대를 상처 입히거나 화나게 할 수도 있어. 복잡한 이야기나 중요한 말을 할 때는, 가능하면 서로 얼굴을 보면서 직접 이야기하자.

## 욕이나 괴롭힘에 끼지 말자!

메시지 앱이나 SNS에서 친구들끼리 누군가의 험담을 주고받을 때, 나도 같이 말하지 않으면 따돌림당할까 봐 걱정될 때가 있어. 하지만 그때 함께 험담을 해버리면, 설령 네가 먼저 시작한 게 아니라 하더라도 친구를 상처 입히는 건 마찬가지야. 혹시 용기가 나지 않아 말리지 못하더라도, 험담에 끼지 않도록 하자. 험담하지 않고, 괴롭히지 않는 태도가 무엇보다 중요해.

 ## 사진을 올리는 건 위험할 수 있어

찍은 사진을 인터넷에 올리는 건 아주 위험할 수 있어. 사진에 나온 얼굴이나 배경이 나쁘게 이용될지도 몰라. 게다가 어떤 사람은 사진 찍히는 걸 싫어할 수도 있고, 사진 촬영을 금지한 장소도 있으니까, 사진을 찍기 전에 꼭 확인하자.

 ## 메시지 앱이나 SNS로 알게 된 사람은 절대 만나지 말자!

메시지 앱이나 SNS에서 취미가 비슷한 사람을 만나거나 대화가 잘 통하면, 직접 만나 보고 싶어질 때가 있어. 하지만 그곳에서 알게 된 사람을 실제로 만나는 건 매우 위험한 일이야. 상대가 거짓말을 하고 있을 수도 있고, 너를 해치려는 사람일지도 몰라. 스스로를 지키기 위해서라도, 메시지 앱이나 SNS에서 알게 된 사람과 직접 만나는 일은 절대 하지 말자.

항상 조심하는 마음을 잊지 말자!

### 내 마음이 딱 전해져!

# 편지를 한번 써 보자!

마음을 더 잘 전할 수 있는 편지 쓰는 방법을 소개할게.
가족이나 친구처럼 소중한 사람에게 편지를 한번 써 보자!

## 진심을 담은 편지를 써 보자!

친구와 편지를 주고받아 본 적 있니? 그 자리에서 바로 말하는 것과는 달리, 편지는 천천히 생각하면서 쓸 수 있다는 점이 큰 장점이야. 그래서 네 마음을 더 확실하게 전할 수 있어. 또, 글씨나 편지지를 예쁘게 꾸미면 더 멋진 편지가 될 수 있지! 편지를 주고받으며 친구나 가족과의 소중한 마음을 더 깊이 이어가 보자. ☆

### 여러 가지 상황에서 도움이 되는 편지

교환하자!

어제는 미안했어!

엄마, 항상 감사해요!

사과하고 싶을 때

더 친해지고 싶을 때

감사를 전하고 싶을 때

# 마음이 전해지는 편지 쓰는 법

편지는 어떻게 써야 할까? 중요한 포인트를 함께 확인해 보자!

※ 윗사람에게 편지를 쓸 때는 학교에서 배운 편지 쓰기 규칙을 잘 지켜서 쓰자.

## 편지를 예쁘게 접는 방법

편지는 예쁜 모양으로 편지지를 접어도 좋겠지? 귀여운 접는 방법을 소개할게!

### 세라복

**1** 글자가 적힌 면이 안쪽으로 오도록 세로로 반을 접는다.

**2** 한 번 더 펼친 다음, 1번에서 만든 접는 선을 따라 왼쪽과 오른쪽을 안쪽으로 접는다.

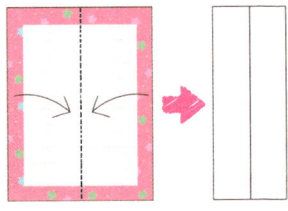

**3** 앞쪽 종이를 ● 표시 부분에 맞추어 점선 부분에서 바깥쪽으로 접는다.

**4** 점선 부분에서 뒤쪽으로 접는다.

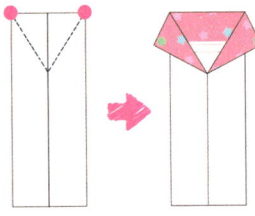
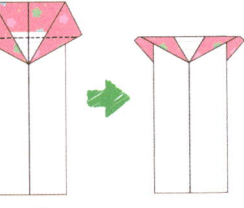

**5** 뒤집어서 ★부분을 빨간 부분에 끼워 넣는다.

스티커를 붙이거나, 주머니나 리본을 그려도 정말 예뻐!

완성!

# 예쁜 글씨로 더 예쁘게 꾸며 보자!

데코 글씨를 사용하면, 편지가 더 화사하고 멋지게 완성돼!

## 예쁜 글씨 모음

수빈에게

▲ 선 끝에 ●을 붙이기만 해도 귀여워!

예나야

▲ 글자 주위를 둘러 그릴게!

▲ 사선으로 선을 넣으면 더 화사해져♪

▲ 선 하나만 둥글게 그리면 더 생동감 있게 보여!☆

SUMI

▲ 선 한 줄만 굵게 바꾸면 인상이 확 살아나!

## 그림을 곁들여봐!

정말 좋아 CHU♥

늘 친하게 지내자

---

### 편지에 쓸 수 있는 영어 표현

DEAR REO ♥

▲ Dear는 '친애하는'이라는 뜻이야!
Dear ○○처럼 이름 앞에 붙여서 쓸 수 있어.

▲ From은 '~부터'라는 뜻이야!
From ○○처럼 써서 보내는 사람,
그러니까 자기 이름을 적을 때 쓸 수 있어.

자신의 마음을 소중히 여기는 건 조금 어려울 수 있지만, 자기 마음에 솔직해질 수는 있을 거야.

다른 사람의 마음을 완전히 이해하는 건 어렵지만, '어떤 기분일까?' 하고 생각해 볼 수는 있어.

자신의 기분을 잘 조절하면서 친구들과 사이좋게 지내는 건 쉬운 일은 아니지만, 그렇게 하려고 노력할 수는 있어.

이 책에는 내 마음이나 친구들의 마음을 잘 들여다볼 수 있게 도와주는 힌트가 많이 담겨 있어.

너가 배운 '마음의 규칙'을 잘 활용해서, 지금보다 더 행복하게 너답게 지낼 수 있도록 앞으로도 함께 힘내 보자!

### 감수 **이토 미나코**

대학교에서 국문학을 전공한 뒤, 여고 교사로 6년간 근무했다. 그 후 대학원으로 돌아가 청년심리학과 임상심리학을 연구하며 실천의 길로 들어섰다. 현재는 나라여자대학교에서 임상심리학을 가르치면서, 중·고등학교에서 스쿨카운슬러로도 활동하고 있다. 『사춘기의 마음 찾기와 배움의 현장』(단독 저서: 호쿠주 출판)을 비롯해 다수의 저서를 집필했다.

### 만화·일러스트 **후타바 하루**

미야기현 출신. 만화가이자 일러스트레이터로 활동 중이며, 굿즈 디자인 등도 맡고 있다. 데뷔작은 2017년 『너를 발견해서』(슈에이샤 『여름 증간호 리본 스페셜 바닐라』에 게재). 이후 지금까지 리본에서 꾸준히 작품 활동을 이어오고 있다.
Twitter ID : @hutaba_haru

ⓒ 후타바 하루 / 슈에이샤 리본

# 나도 Happy, 모두 Happy
# [해피 규트] 마음의 규칙

**초판 1쇄 인쇄** 2025년 11월 20일
**초판 1쇄 발행** 2025년 12월 10일

| | |
|---|---|
| **감수** | 이토 미나코 |
| **만화** | 후타바 하루 |
| **편집** | 해피풀걸 편집부 |
| **펴낸곳** | 도서출판 THE북 |
| **출판등록** | 2019년 2월 15일 제2019-000021호 |
| **주소** | 서울특별시 영등포구 양평로12가길 14 310호 |
| **전화** | 02-2069-0116 |
| **이메일** | thebook-company@naver.com |
| **ISBN** | 979-11-993746-8-3 (77190) |

· 책값은 뒤표지에 있습니다.
· 잘못 만들어진 책은 구입하신 곳에서 교환해 드립니다.

---

<WATASHI MO HAPPY MINNA MO HAPPY (HAPIKAWA) KOKORO NO RULE>
Copyright © 2020 by K.K. Ikeda Shoten
All rights reserved. Supervised by Minako ITO
Manga & illustrations by Haru FUTABA
First original Japanese edition published by IKEDA Publishing Co.,Ltd. Ltd., Japan. Korean translation rights arranged with PHP Institute, Inc. through JM Contents Agency Co.

이 책의 한국어판 저작권은 저작권자와의 독점 계약으로 도서출판 THE북에 있습니다.
저작권법에 의해 한국 내에서 보호를 받는 저작물이므로 무단 전재와 복제를 금합니다.